Benjamin Lange

Die Bibel verstehen – Die Zehn Gebote

Neue Entdeckungen in Gottes Gesetz

BENJAMIN LANGE

DIE BIBEL VERSTEHEN

DIE ZEHN GEBOTE

Neue Entdeckungen
in Gottes Gesetz

Benjamin Lange
Die Bibel verstehen – Die Zehn Gebote
Neue Entdeckungen in Gottes Gesetz

Best.-Nr. 271747
ISBN 978-3-86353-747-0
Christliche Verlagsgesellschaft Dillenburg

Es wurde folgende Bibelübersetzung verwendet:
Elberfelder Bibel 2006, © 2006 by SCM R.Brockhaus in der
SCM Verlagsgruppe GmbH Witten/Holzgerlingen.

2. Auflage 2024

www.cv-dillenburg.de

Satz und Umschlaggestaltung: Christliche Verlagsgesellschaft Dillenburg
Umschlagmotiv: © Shutterstock.com/Inked Pixels

Druck: GGP Media GmbH, Pößneck
Printed in Germany

Wenn Sie Rechtschreib- oder Zeichensetzungsfehler entdeckt haben,
können Sie uns gern kontaktieren: info@cv-dillenburg.de

INHALT

Die Zehn Gebote – echt jetzt? 7

Was sind die Zehn Gebote? 9

Der Prolog:
Alles beginnt mit Erlösung (2Mo 20,1-2) 33

Die Besonderheit der „Du sollst"-Formulierung 45

Das erste Gebot:
Gott allein im Zentrum (2Mo 20,3) 53

Das zweite Gebot:
Den Schöpfer nicht auf das Geschöpf reduzieren
(2Mo 20,4-6) 62

Das dritte Gebot:
Den Namen Gottes kennen und widerspiegeln (2Mo 20,7) . . . 84

Das vierte Gebot:
Heilige Zeiten beachten (2Mo 20,8-11) 94

Das fünfte Gebot:
Autoritäten achten (2Mo 20,12) 108

Das sechste Gebot:
Das Leben nicht unberechtigt antasten (2Mo 20,13) 120

Das siebte Gebot:
Bedingungslose eheliche Treue (2Mo 20,14) 128

Das achte Gebot:
Eigentumsrecht respektieren (2Mo 20,15) 136

Das neunte Gebot:
Keine falsche Beschuldigung (2Mo 20,16) 141

Das zehnte Gebot:
Keine Begierde in Gedanken (2Mo 20,17) 149

Die Zehn Gebote – echt jetzt! 158

DIE ZEHN GEBOTE – ECHT JETZT?

Echt jetzt – ein Buch über die Zehn Gebote? Geht es noch langweiliger? Und außerdem: Was soll man darüber noch Neues lernen können? Ist nicht alles, was man dazu sagen kann, schon zehnmal durchgekaut worden? Und überhaupt … die Zehn Gebote sind doch heute gar nicht mehr so relevant, oder?

Das sind typische Gedanken, die man bei einem Buch zu den Zehn Geboten haben kann. Aber da sind Sie, lieber Leser, schon drüber hinaus. Sie halten schließlich dieses Buch in Ihren Händen, um etwas über die Zehn Gebote zu lesen – irgendwie scheinen diese alten Gebote also doch noch interessant zu sein. Und das sind sie tatsächlich! Sie sind Lebensprinzipien, die sprichwörtlich nicht *von* dieser Welt sind. Aber sie sind *für* diese Welt, weil sie uns etwas über Gott und unser Leben zeigen. Sie sind garantiert anders, als Sie denken – wenigstens in einigen Aspekten. Es gibt also tatsächlich noch etwas Neues zu lernen. Und genau darum soll es in diesem Buch gehen: Diese alten Gebote neu unter die Lupe zu nehmen.

Man könnte fragen: Aber ist nicht auch das schon häufig getan worden? Schließlich gibt es etliche Bücher, die sich nur mit den Zehn Geboten beschäftigen. Ja, das stimmt – und das allein zeigt schon, wie inhaltsreich und tiefgründig diese Worte bis heute sind. Wie wegweisend die Zehn Gebote allein in der Bibel sind, kann man daran erkennen, dass sie beginnend von den fünf Büchern Mose bis zur Offenbarung vorkommen. Eigentlich gibt es also viel zu viel Stoff für ein einzelnes Buch, schließlich kann man allein über den Umgang Jesu mit den Zehn Geboten oder ihre Relevanz in der heutigen Gesellschaft ein ganzes Buch schreiben. Das haben andere aber schon getan. In diesem Buch soll es, im Bild gesprochen, nicht um ein Weitwinkelobjektiv, sondern um eine Lupe gehen, durch die wir diese Gebote betrachten: Wir beschränken uns auf die Stelle im Alten Testament, an der die Zehn Gebote von Gott gegeben wurden (2Mo 20,1-17). Es geht vor allem darum, diesen Bibeltext in seinem Kontext zu verstehen. Allein das hält schon so viele spannende Entdeckungen bereit, dass man noch mehr als dieses Buch damit füllen könnte.

Also los, begeben Sie sich auf die Reise und tauchen Sie neu in diese alten, göttlichen Worte ein, die heute immer noch so einzigartig und lebendig sind wie damals!

WAS SIND DIE ZEHN GEBOTE?

Fragen über Fragen

„Was soll ich eigentlich mit den Zehn Geboten anfangen? Soll ich sie wortwörtlich befolgen? Oder sind sie für mich überhaupt nicht mehr relevant?" Das sind die Alternativen, die oft im Raum stehen. Doch die Wahrheit liegt wie so oft in der Mitte. Aber der Reihe nach. Die Zehn Gebote sind keine generellen Worte an die Menschheit, sondern wurden einem bestimmten Volk in einem bestimmten Kontext und aus einem bestimmten Grund gegeben. Und dieser Kontext ist wichtig, um die Zehn Gebote zu verstehen. Wenn man die ursprüngliche Absicht und die Eigenart der Zehn Gebote nicht beachtet, kommt es unweigerlich zu falschen Vorstellungen oder Missverständnissen. Deshalb ist es wichtig, zunächst einmal die bisherigen Vorstellungen außen vor zu lassen und einen neuen Blick zu wagen.

Die Zehn Gebote stehen im Alten Testament an zwei Stellen, einmal in 2. Mose 20,1-17 und ein zweites Mal in 5. Mose 5,6-21. Die zweite Stelle ist Teil einer langen Rede, in der Mose einer neuen Generation von Israeliten das Gesetz erklärt und auslegt, das Gott dem Volk schon etwa 40 Jahre vorher am Sinai offenbart hat.[1] Der eigentliche Kontext zu den Zehn Geboten ist also 2. Mose 20,1-17, und diese Stelle ist auch der Schwerpunkt in diesem Buch. Es lohnt sich also, die Bibel aufzuschlagen und genauer in den Kontext zu schauen. Er hält einige Überraschungen bereit.

Einen neuen Blick wagen

Wer oft von den „Zehn Geboten“ hört, hat dabei vermutlich eine oder mehrere der folgenden Aussagen im Kopf:

- Es sind *Gebote.*
- Es sind *zehn* Gebote, die man sehr einfach nachzählen kann.
- Sie standen auf zwei Tafeln verteilt, sodass die auf Gott bezogenen Gebote auf der einen und die auf den Mitmenschen bezogenen Gebote auf der anderen Tafel standen.

Wenn man einen neuen Blick wagt, stellt man sehr schnell fest, dass keine dieser landläufigen Ansichten zutrifft – wenigstens nicht so, wie man es erwarten würde. Die Zehn Gebote sind nämlich weder reine *Gebote,* noch ist die Anzahl *zehn* in der Zählung einfach zu erkennen. Und die oben genannte Verteilung auf zwei Tafeln ist auch eher eine Hypothese als eine Aussage der Bibel.

Man kann einiges entdecken, wenn man einen neuen Blick auf diese alten Worte wagt. Wir beginnen der Reihe nach mit der ersten Überraschung.

Nicht nur Gebote, sondern auch Prinzipien

Die erste Überraschung beim Lesen der sogenannten Zehn Gebote besteht darin, dass die Bezeichnung „Zehn Gebote“ in der Bibel kein einziges Mal auftaucht. Sie ist damit streng genommen gar keine biblische Bezeichnung, sondern eine menschliche Benennung. Im Kontext des Alten Testaments wird das, was wir heute *Zehn Gebote* nennen, meist als *Worte* bezeichnet. Sie werden im AT mit der Bezeichnung „diese Worte“ (2Mo 20,1) eingeleitet (ebenso 5Mo 9,10) und anschließend immer als „Worte des Bundes“ (2Mo 34,28) oder „zehn Worte“ bezeichnet (2Mo 34,28; 5Mo 4,13; 10,4) – aber niemals als „zehn Gebote“. Worin liegt der Unterschied? Ganz einfach: Ein Wort kann ein Gebot sein, aber auch noch viel mehr als das umfassen. Ein „Wort“ meint in diesem Zusammenhang allgemein einen Ausspruch, der sehr unterschiedliche Funktionen haben kann.

So sind auch die sogenannten Zehn Gebote deutlich mehr als nur Gebote.

Sind die Zehn Gebote also gar keine Gebote? Doch, das sind sie durchaus. Das ist in den Zehn Geboten selbst nämlich wenigstens angedeutet, denn Gott spricht im zweiten Gebot „von denen, die mich lieben und meine Gebote halten" (2Mo 20,6)[2] – womit natürlich auch die Zehn Gebote selbst gemeint sein müssen. Außerdem wird in der Wiedergabe der Zehn Gebote in 5. Mose 5,6-21 zusätzlich zweimal das zu „Gebot" verwandte hebräische Verb „gebieten" direkt auf die Zehn Gebote angewandt (5Mo 5,15-16). Dementsprechend ist es also völlig richtig, diese Worte als „Gebote" zu bezeichnen, wie dies im Neuen Testament auch Jesus (Mt 19,17-18) und Paulus tun (Röm 7,7-8).

Doch warum ist dann im alttestamentlichen Kontext so konsequent von zehn *Worten* und nicht von zehn *Geboten* die Rede? Offenbar soll betont werden, dass diese Worte mehr als nur Gebote sind. Sie sind nämlich zugleich Prinzipien, Ordnungen und Rechtsbestimmungen (5Mo 5,1), Weisungen (vgl. den hebr. Begriff *thora* in 2Mo 24,12), Lehren (2Mo 24,12), Zeugnisse (2Mo 31,18; 32,15; 34,29) und Bundesbestimmungen (2Mo 24,8; 34,28) Gottes. Alle diese Bezeichnungen sind Erklärungen davon, was die „zehn Worte" sind. Eine sehr passende, weil wörtliche Übertragung der alttestamentlichen Bezeichnung ist übrigens das Wort *Dekalog*, was im Griechischen einfach „Zehnwort" bedeutet. Die Zehn Gebote sind umfassende Prinzipien und Ordnungen Gottes, die sein Wesen, seine Ansprüche an sein Volk, seine Rechtsvorstellungen und seine Bundesbestimmungen an Israel beschreiben. Sie sind nicht nur als Gebote, sondern auch als Offenbarung, Bundesbestimmungen, Lebensprinzipien und musterhafte Lehren gedacht. In allererster Linie sind sie jedoch Worte im Kontext eines Bundes, denn so werden sie im Alten Testament eingeführt. Insofern könnte man sie vielleicht besser mit „Bundesprinzipien" als mit „Geboten" wiedergeben, denn sie sind die Prinzipien einer engen, durch einen Bund geschützten Beziehung zwischen Gott und Israel.

Nicht nur Gesetz, sondern auch Bund

Der Dekalog ist im alttestamentlichen Kontext der Beginn eines Bundes zwischen Gott und Israel. Was wir als das „alttestamentliche Gesetz" bezeichnen, hat mehr Ähnlichkeiten zu einem Bund als zu einem Gesetz. Insofern kann man sagen, dass das biblische Gesetz überhaupt kein typischer Gesetzestext ist, sondern sich sowohl von altorientalischen als auch von neuzeitlichen Gesetzen an entscheidenden Stellen unterscheidet.[3] Der Grund dafür liegt darin, dass es fest im Kontext des Bundes zwischen Gott und Israel eingebettet ist. Für den Dekalog ist das offensichtlich: In 2. Mose 19 kündigt Gott einen Bund zwischen sich und seinem Volk an (2Mo 19,3-6), der schließlich in 2. Mose 24 durch eine Zeremonie mit Opfern, einem Bundesmahl und einer Blutbesprengung formal geschlossen wird (2Mo 24,1-11). Eingebettet zwischen diese beiden Kapitel ist der eigentliche Inhalt des Bundes, den man in zwei Teile unterteilen kann: Einerseits die grundlegenden Bundesbestimmungen, die im Dekalog (2Mo 20,2-17) gegeben werden, und andererseits eine Reihe von weiteren Geboten (2Mo 20,22–23,33), die den Dekalog näher ausführen und als „Buch des Bundes" (2Mo 24,7) bezeichnet werden. In der Mitte zwischen diesen beiden Bundesdokumenten – dem Dekalog auf den Steintafeln und dem von Mose niedergeschriebenen „Bundesbuch" – steht die Reaktion des Volkes.

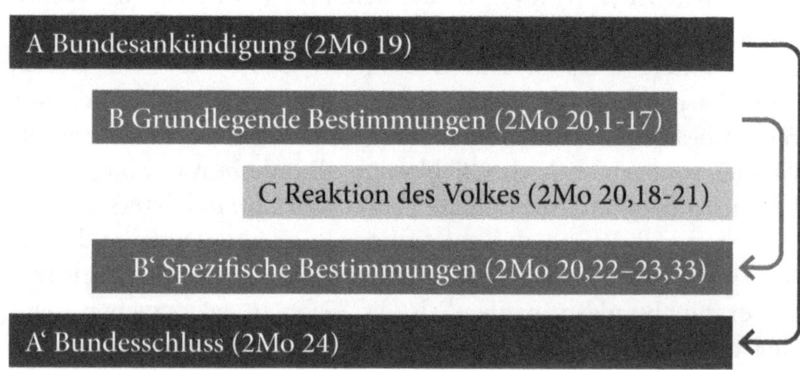

Der größere Kontext von 2. Mose 19–24 erzählt also von einem Bundesschluss und seinen Bestimmungen in einer sorgfältig gebildeten konzentrischen (also um einen Mittelpunkt konzentrierten) Struktur.[4]

Das Ziel des Bundes

Obwohl die Zehn Gebote allgemeingültige moralische Prinzipien und die Eigenschaften Gottes enthalten, sind sie nicht einfach als Anforderung Gottes an alle Menschen gedacht. Nirgendwo im Alten Testament wird vorausgesetzt, dass auch andere Völker das Gesetz halten sollen, das Gott Israel gegeben hat. Auch dienen die Zehn Gebote nicht dazu, eine Beziehung zwischen Gott und Israel *herzustellen,* denn diese Beziehung gab es bereits, und sie wurde durch den Sinaibund in einen festen Rahmen gestellt. Die Zehn Gebote dienen dazu, dem Volk zu zeigen, wie es in dieser engen Beziehung zu Gott leben soll. Das Buch 2. Mose ist das Buch der Erlösung. Gott hat sein Volk aus der Gefangenschaft und Sklaverei in Ägypten gerettet und gnädig durch die Wüste geführt, wie ein Adler seine Jungen auf den Flügeln trägt:

> „Ihr habt gesehen, was ich den Ägyptern angetan und wie ich euch auf Adlerflügeln getragen und euch zu mir gebracht habe“ (2Mo 19,4).

Nun hat er sie in seine Gegenwart gebracht und bietet ihnen an, mit Gott in einer engen Beziehung zu leben. Das Ziel der Erlösung ist, dass Gott Menschen zu sich bringt – also in seine Gegenwart und in seine Gemeinschaft! Und diese enge Beziehung soll Auswirkungen haben. Genau hier kommen die Zehn Gebote ins Spiel.

> „Und nun, wenn ihr willig auf meine Stimme hören und meinen Bund halten werdet, dann sollt ihr aus allen Völkern mein Eigentum sein; denn mir gehört die ganze Erde. Und ihr sollt mir ein Königreich von Priestern und eine heilige Nation sein“ (2Mo 19,5-6).

Der Bund und das Gesetz sollen also dazu dienen, dass Israel als Eigentumsvolk Gottes, als königliche Priesterschaft und als vorbildliche, heilige Nation lebt.[5] Das Gesetz soll Israel Prinzipien im Umgang mit Gott, Menschen und Sünde lehren, damit andere Völker Israels Heiligkeit sehen und daran Gottes Charakter, seine Gerechtigkeit und Weisheit erkennen (5Mo 4,6-8). Damit ist das Ziel des Bundes einerseits ein Leben in einer engen Beziehung mit Gott, andererseits aber auch, genau diese Beziehung den anderen Völkern vorzuleben. Die Beziehung zu Gott muss so deutlich nach außen sichtbar sein, dass die anderen Völker merken, wie andersartig es in Israel zugeht und wie das Volk im Zusammenleben Eigenschaften eines heiligen Gottes vermittelt. Die Zehn Gebote sind sozusagen die Urkunde dieser Bundesbeziehung. Wie jedes wichtige Dokument werden sie daher auch schriftlich festgehalten und an besonderer Stelle aufbewahrt. Sie stehen auf zwei Steintafeln, die in der Bundeslade verwahrt wurden.

Ein Bund und zwei Tafeln?

Damit kommen wir zu einer weiteren Frage: Wieso zwei Tafeln? Hätte nicht auch eine gereicht? Häufig wird angenommen, dass einfach zwei Steintafeln notwendig waren, um die insgesamt 172 hebräischen Worte des Dekalogs in 2. Mose 20,2–17 zu fassen. Dabei wird dann auch immer vorausgesetzt, dass die Gebote so aufgeteilt waren, dass auf der einen Tafel die auf Gott bezogenen und auf der anderen Tafel die auf den Mitmenschen bezogenen Gebote standen. Die Bibel gibt jedoch keinen Anhaltspunkt für diese Annahmen. Im Gegenteil, sie sind sogar nicht besonders plausibel. Aus alttestamentlicher Zeit sind etliche Inschriften auf Steinen oder Steintafeln erhalten geblieben, bei denen die insgesamt 622 hebräischen Buchstaben der Zehn Gebote ohne Probleme auf eine Steintafel in Größe eines DIN-A4-Papiers gepasst hätten.[6] Zusätzlich waren die Steintafeln auf der Vorder- und Rückseite beschrieben (2Mo 32,15), und außerdem hätte die Bundeslade auch deutlich größere Steintafeln als ein DIN-A4-Format fassen können (vgl. 2Mo 37,1). Platzprobleme können also nicht der Grund für zwei Tafeln gewesen sein. Doch was war dann der Grund? Es gibt eine plausiblere Erklärung, die direkt mit dem Kontext des Bundes zu tun hat. Wie auch heute wurden schon damals Bundes- und Vertragstexte in doppelter Ausführung angefertigt, sodass jede Partei eine Fassung bekam. Es war auch nicht unüblich, mehrere Ausführungen desselben Dokuments zusammen zu deponieren. Vermutlich waren also beide Tafeln identisch beschrieben: Sie enthielten beide die vollständige Fassung des Dekalogs – eine Tafel steht für die menschliche und eine weitere für die göttliche Seite des Bundes.[7]

Die Überlegung über eine Zweiteilung der Zehn Gebote erübrigt sich aber trotzdem nicht, denn natürlich war jede der zwei Tafeln in sich schon deshalb zweigeteilt, weil sie auf der Vorder- und Rückseite beschrieben war (2Mo 32,15). Wo genau der Umbruch erfolgte, wissen wir aber nicht. Möglich wäre natürlich, dass die auf Gott bezogenen Gebote auf der einen und die auf den Mitmenschen bezogenen Gebote auf der anderen Seite standen, aber das bleibt Spekulation.[8]

Warum gerade zehn Gebote?

Weshalb sind es genau zehn Gebote und nicht zwölf oder sieben oder eine ganz andere Zahl? Nach einer jüdischen Auslegung erklärt sich die Zahl daraus, dass das Zählen immer mit den zehn Fingern des Menschen beginnt.[9] Die Zahl gilt daher im Judentum auch als pädagogische Zahl.[10] Dazu ist die Zahl 10 im Alten Testament einfach die typische Zähleinheit und daher auch viel häufiger als die Zahlen 7 oder 3. Insofern ist sie einfach die kleinste Zahl einer umfassenden Einheit.[11] Damit wird schon deutlich, dass die Zehn Gebote eine beispielhafte, pädagogische und der Tragweite nach umfassende Einheit von Aussprüchen (Worten) sind.

Interessant ist in diesem Zusammenhang auch eine weitere Parallele: Bei der ersten Rede Gottes in der Bibel heißt es in der Schöpfungsgeschichte genau zehn Mal: „Und Gott sprach …“.[12] Vielleicht werden die Zehn Gebote auch deshalb bewusst als „zehn Worte“ bezeichnet, um einen Bezug zu den zehn Schöpfungsworten herzustellen. In beiden Fällen redet Gott laut und öffentlich zehn Aussprüche, einmal bei der Erschaffung der Welt, das andere Mal bei der Konstitution Israels.

Allerdings gibt es in den Zehn Geboten nicht nur eine Gliederung in zehn Aussprüche, sondern auch eine Dreier-, Siebener- und Zwölfer-Struktur: In 2. Mose 20,1-17 gibt es nur drei Gebote, die ausschließlich mit Gott zu tun haben (2Mo 20,3-7), während es sieben Gebote gibt, die von anderen Menschen reden (2Mo 20,8-17).[13] Außerdem wird in den Zehn Geboten genau sieben Mal „Gott" erwähnt, in den eigentlichen Geboten (2Mo 20,3-17) wird außerdem genau sieben Mal „Jahwe" erwähnt. Und neben der Drei und der Sieben ist im Dekalog auch die Zwölf prominent vertreten: Zählt man die Gebote, entdeckt man nicht zehn Mal, sondern zwölf Mal die Formulierung „Du sollst nicht", denn ganz am Anfang und ganz am Ende der Zehn Gebote wird die Formulierung in einem einzelnen Gebot jeweils zweimal verwendet.

Man merkt: Die Zehn Gebote haben es in sich, und zwar schon rein formal. Sie sind äußerst durchdacht und allein von den Zahlen her als mustergültige, geordnete und tiefgründige Einheit aufgebaut. Das soll natürlich nicht zur Durchführung gedanklicher Zahlenspiele anreizen, sondern – symbolisch betrachtet – darauf hinweisen, dass man hier eine für alle Belange des Lebens beispielhafte, umfassende und mustergültige Sammlung von Aussprüchen vor sich hat. Das führt allerdings zu einer weiteren Frage: Wie genau soll man dann die Zehn Gebote zählen, wenn es unterschiedliche Gliederungsmöglichkeiten und insgesamt sogar zwölf „Du sollst nicht"-Formulierungen gibt?

Bis Zehn zählen kann schwer sein

Erstaunlicherweise ist gar nicht eindeutig geklärt, wie man die „Zehn Gebote" denn zählen soll – klar ist nur, dass am Ende Zehn dabei rauskommen muss! Im Laufe der Geschichte haben sich daher unterschiedliche Arten etabliert, wie man die Gebote zählen kann. Zusätzlich zu den zwölf „Du sollst nicht"-Formulierungen ergibt sich nämlich die Frage, ob man den Beginn der Zehn Gebote (2Mo 20,2) nur als Einleitung oder schon als eigenes Gebot auffassen soll. Und wem das noch nicht genug Verwirrung ist: Die zwei Stellen der Zehn Gebote in der Bibel in 2. Mose 20,2-17 und 5. Mose 5,6-21 scheinen sogar unterschiedliche Zählweisen zu verwenden.[14] Daher kann man unter den gängigen Zählweisen zwischen einer reformatorischen, katholischen und orthodox-jüdischen Zählweise unterscheiden:[15]

2Mo 20	Reformatorisch	Katholisch	Jüdisch
V. 2	Prolog	Prolog	1. Gebot
V. 3	1. Gebot	1. Gebot	2. Gebot
V. 4-6	2. Gebot		
V. 7	3. Gebot	2. Gebot	3. Gebot
V. 8-11	4. Gebot	3. Gebot	4. Gebot
V. 12	5. Gebot	4. Gebot	5. Gebot
V. 13	6. Gebot	5. Gebot	6. Gebot
V. 14	7. Gebot	6. Gebot	7. Gebot
V. 15	8. Gebot	7. Gebot	8. Gebot
V. 16	9. Gebot	8. Gebot	9. Gebot
V. 17a	10. Gebot	9. Gebot	10. Gebot
V. 17b		10. Gebot	
Vertreter	*Philo, Josephus, frühe Kirche, orthodox, reformatorisch, anglikanisch*	*Augustinus, katholisch, lutherisch*	*Orthodox jüdisch*

So kompliziert, wie es zunächst scheint, ist die Zählung dann allerdings doch nicht. Ein paar Anhaltspunkte für die wahrscheinlichste Zählung in 2. Mose 20,2-17 gibt es: Erstens ist 2. Mose 20,2 ziemlich sicher kein eigenes Gebot, sondern eine Einleitung in Form eines sogenannten „historischen Prologs", wie es bei altvorderorientalischen Bünden üblich war.[16] Damit bleibt nur noch die Wahl zwischen den ersten beiden Gliederungen. Da sich Vers 3 inhaltlich von Vers 4-6 unterscheidet, dagegen das doppelte „Du sollst nicht" in Vers 17 eher ein einziges Gebot ist, liegt diesem Buch die „reformatorische" Gliederung zugrunde, die außerdem von den frühen jüdischen Schreibern Philo und Josephus im 1. Jahrhundert n. Chr. und von der frühen Kirche gestützt wird. Dogmatisch sollte man hier aber nicht sein. Schließlich könnte man fragen: Warum hat Gott die Abgrenzung nicht noch deutlicher gemacht? Die Antwort liegt vermutlich darin, dass die etwas uneindeutige Abgrenzung sogar Absicht ist. Der Dekalog ist auf engem Raum so durchdacht und komplex strukturiert, dass es mehr als eine Art gibt, seinen Aufbau zu begreifen. Der Grund für diese Dichte hat mit der Funktion der Zehn Gebote zu tun. Sie sind nämlich so etwas wie eine Miniaturwelt des ganzen Gesetzes und damit auch für unterschiedliche Arten offen, Gebote nach inhaltlichen Gesichtspunkten zusammenzufassen.

Die Zehn Gebote sind die Kurzfassung des Gesetzes

Schaut man sich das gesamte alttestamentliche Gesetz an, so stellt man eine beeindruckende Gesamtordnung in Form einer Pyramide oder eines Eisbergs fest. Auch diese Art der Gliederung hat damit zu tun, dass der Dekalog Teil eines Bundes ist. In Bundesdokumenten der alttestamentlichen Zeit wurden zunächst die Bestimmungen auf engem Raum zusammengefasst, bevor sie in weiteren Einzelbestimmungen weiter entfaltet und erläutert wurden.

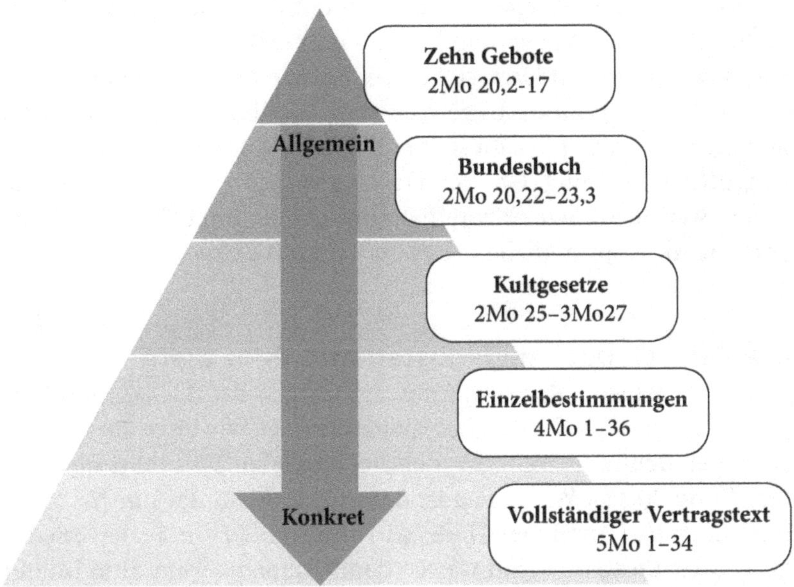

Die Spitze dieses Eisberges ist der Dekalog (2Mo 20,2-17): Er ist der komprimierte, verdichtete und auf das Wesentliche zusammengefasste Inhalt des Bundes zwischen Gott und Israel. Das erklärt, weshalb gerade die Zehn Gebote so bekannt, fundamental und bedeutsam sind. Sie sind nichts weniger als die Zusammenfassung des alttestamentlichen Gesetzes. Und alle weiteren Teile des Gesetzes entfalten den Dekalog weiter. Es ist daher kein Zufall, dass die Gesetze im Bundesbuch (2Mo 20,22–23,33) thematisch der Abfolge des Dekalogs entsprechen. In 2. Mose 25 bis 3. Mose 27 folgen schließlich Anordnungen zur Stiftshütte und dem Opferdienst, bevor sich in 4. Mose weitere Einzelgesetze anschließen, die jeweils bei verschiedenen Stationen der Wüstenwanderung gegeben werden.[17] Schließlich ist das Buch 5. Mose, das eine Predigt von Mose an eine neue Generation von Israeliten darstellt, eine Zusammenfassung des gesamten Gesetzes und selbst in der Abfolge der Gebote wieder anhand der Zehn Gebote strukturiert.[18] Man kann also Folgendes festhalten:

Einerseits ist der Dekalog fest und untrennbar mit dem Bund zwischen Gott und Israel verbunden und darf nicht aus diesem Kontext gerissen werden. Andererseits ist der Dekalog strukturell der „Spitzentext“ dieses Bundes. In gewisser Hinsicht ist er sogar eine Kurzfassung des gesamten alttestamentlichen Gesetzes und daher von so großer Bedeutung. Um den Dekalog richtig zu verstehen und zu sehen, welche Schätze er bereithält, muss man ihn daher unbedingt von seinem ursprünglichen Kontext her betrachten.

Die Zehn Gebote sind musterhafte Prinzipien

Wer den Dekalog als Gesetz mit den Augen des 21. Jahrhunderts liest, wundert sich früher oder später darüber, wie ungenau manche Aussagen definiert sind, zum Beispiel im Gebot „Du sollst nicht töten“ (2Mo 20,13). Was genau ist denn Töten? Gilt das nur für Mord oder auch für Totschlag? Und was ist mit Töten zur Selbstverteidigung oder im Krieg? Und was ist damit gemeint, Vater und Mutter zu „ehren“ (2Mo 20,12)? Was genau ehrt denn Vater und Mutter und was verunehrt sie? Wann genau habe ich dieses Gebot übertreten und wann habe ich es gerade noch eingehalten? Solche Fragen sind typisch für ein heutiges Gesetzesverständnis, das davon geprägt ist, dass jede Einzelheit bis ins Detail festgelegt ist. Wer in der heutigen Zeit ein Schlupfloch in einem Gesetz findet, kann dies ausnutzen, ohne bestraft zu werden – schuld ist schließlich der Gesetzgeber, wenn er nicht alles bis ins letzte Detail geregelt hat! Solch ein Denken ist den Gesetzen zur Zeit des Alten Testaments völlig fremd. Um den Dekalog richtig zu verstehen, muss man wissen, wie Gesetze in alttestamentlicher Zeit gemeint und verstanden wurden. Sie waren keine bis ins Detail gehende Festlegung des richtigen oder falschen Verhaltens, sondern bestanden aus beispiel- oder musterhaften Geboten, die auf ähnliche Fälle erweitert werden mussten.[19] Insofern steht jedes der zehn Gebote als beispielhaftes Gesetz stellvertretend für einen ganzen Bereich des Lebens. Das gilt umso mehr, wenn man bedenkt, dass der Dekalog nur die Spitze des Eisbergs im alttestamentlichen Gesetz ist und durch die nachfolgenden Gesetze nach und nach entfaltet wird. Die Zehn Gebote sind also keine vollständige, sondern eine prinzipienhafte Zusammenfassung von Gottes Willen für Israel. Wer sie verstehen will, muss sie mehr als Hinweisschild begreifen, das in die Richtung von Gottes Willen weist, und nicht als Zaun, der jeden Einzelfall genauestens absteckt.

Der Dekalog ist insofern beispiel- und musterhaft, weil er die zehn wichtigsten Lebensbereiche des menschlichen Lebens nennt und mit jeweils einem Gebot behandelt. Jedes Gebot hat damit zwar einen konkreten Sachverhalt im Blick, steht aber zugleich stellvertretend für einen ganzen Lebensbereich.

	Bibelstelle	*Gebot*	*Prinzip*	*Lebens-bereich*
1.	2Mo 20,3	Du sollst keine anderen Götter haben neben mir	Gott allein im Zentrum behalten	Gottes-bezug
2.	2Mo 20,4-6	Du sollt dir kein Götterbild machen	Den Schöpfer nicht auf das Geschöpf reduzieren	Gottes-dienst
3.	2Mo 20,7	Du sollt den Namen Jahwes nicht zu Nichtigem aussprechen	Den Namen Gottes kennen und widerspiegeln	Heiliges und Profanes
4.	2Mo 20,8-11	Du sollst den Sabbattag heilig halten	Heilige Zeiten beachten	Kultus

	Bibelstelle	*Gebot*	*Prinzip*	*Lebens-bereich*
5.	2Mo 20,12	Du sollst Vater und Mutter ehren	Autoritäten achten	Autoritäten
6.	2Mo 20,13	Du sollst nicht töten	Das Leben nicht unberechtigt antasten	Lebensrecht und Gewalt
7.	2Mo 20,14	Du sollst nicht ehebrechen	Bedingungslose eheliche Treue	Treue und Sexualität
8.	2Mo 20,15	Du sollst nicht stehlen	Eigentumsrechte respektieren	Eigentum
9.	2Mo 20,16	Du sollst nicht als falscher Zeuge aussagen	Keine falsche Beschuldigung	Gericht und Wahrheit
10.	2Mo 20,17	Du sollst nicht begehren	Keine Begierde in Gedanken	Sphäre der Gedanken

Für jeden Lebensbereich wird jeweils nur das schlimmste Vergehen verboten. Das Verbot aller geringeren Vergehen ist darin eingeschlossen, auch wenn diese nicht explizit behandelt werden. So steht das Gebot „Du sollst nicht töten" für den gesamten Bereich der Körperverletzung und Gewalt. Niemand in alttestamentlicher Zeit wäre auf die Idee gekommen, dass Töten zwar verboten, Schlagen aber erlaubt ist. Im Gegenteil: Für den Bereich der Körperverletzung wird das schlimmste Vergehen explizit verboten – nämlich einen

Menschen zu töten. Alle geringeren Vergehen im Bereich Körperverletzung und Gewalt sind aber darin eingeschlossen.[20]

Die Zehn Gebote enthalten eine musterhafte Ordnung

Auch die Anordnung der zehn Lebensbereiche, die im Dekalog in jeweils einem einzelnen Gebot angesprochen werden, ist wiederum durchdacht. Die zehn Bereiche sind der Wichtigkeit nach geordnet. Deshalb steht die Zentralität Gottes ganz am Anfang (erstes Gebot), gefolgt von der richtigen bzw. falschen Anbetung Gottes (zweites Gebot). Erst anschließend geht es um den Umgang mit dem Namen Gottes (drittes Gebot), den Sabbat (viertes Gebot) und schließlich um die zwischenmenschlichen Beziehungen. Auch im zwischenmenschlichen Bereich setzt sich diese Ordnung fort, die aber mit einer Überraschung beginnt: Offenbar ist ein Vergehen gegen Vater und Mutter (fünftes Gebot) vor Gott schlimmer als Mord (sechstes Gebot) oder Ehebruch (siebtes Gebot). Diese wiederum sind schlimmer als Diebstahl (achtes Gebot), falsches Zeugnis (neuntes Gebot) oder Begierde (zehntes Gebot). Die Reihenfolge der Gebote gibt also zugleich eine Ethik vor, in der unterschiedliche Vergehen auch hinsichtlich ihrer Tragweite geordnet werden.

Während die Schwere der in den Zehn Geboten angesprochenen Vergehen von oben nach unten abnimmt, nimmt die Häufigkeit der Vergehen von oben nach unten zu: Die Anbetung eines Götzenbildes (erstes Gebot) kommt in der Praxis weniger häufig vor als beispielsweise die Begierde in Gedanken (zehntes Gebot). Außerdem gruppieren sich die einzelnen Gebote zu fünf Bereichen, die jeweils von zwei aufeinanderfolgenden Geboten behandelt werden: der Bereich Gottes, des Heiligen, der Familie, Leben und Freiheit sowie der Nächste. Allein die Abfolge der Zehn Gebote kann also einiges über die Lebensbereiche aufzeigen, in denen Menschen stehen, und wie man sie zu gewichten und in diesen Bereichen nach Gottes Prinzipien zu leben hat.

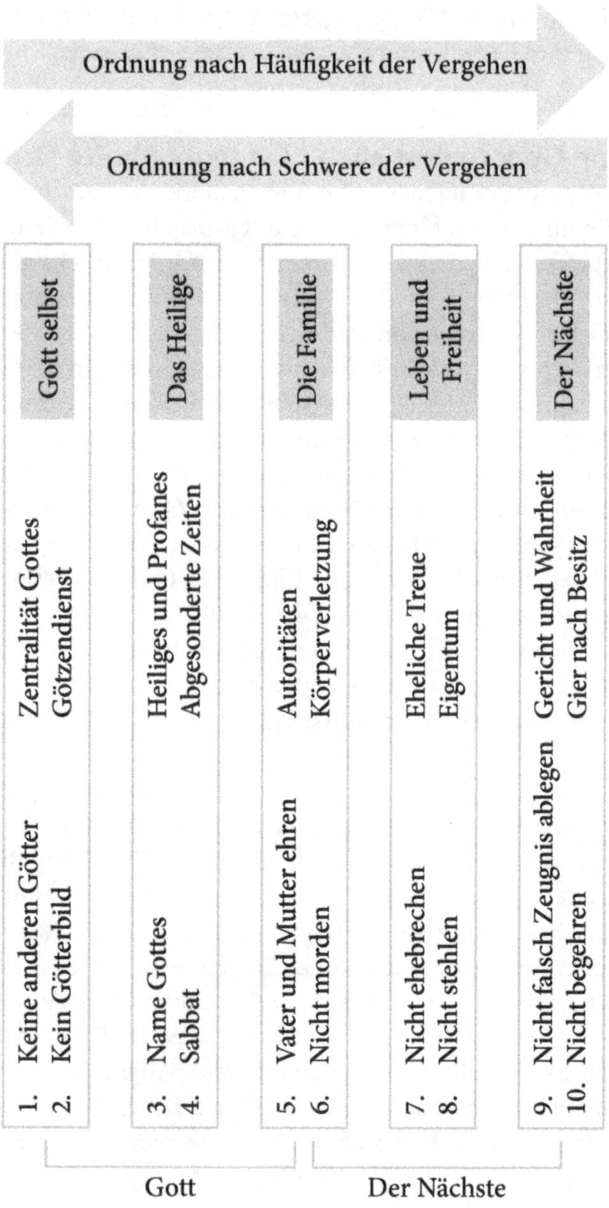

Ordnung nach Häufigkeit der Vergehen →

← Ordnung nach Schwere der Vergehen

Nr.	Gebot	Thema	Bereich
1.	Keine anderen Götter	Zentralität Gottes	Gott selbst
2.	Kein Götterbild	Götzendienst	
3.	Name Gottes	Heiliges und Profanes	Das Heilige
4.	Sabbat	Abgesonderte Zeiten	
5.	Vater und Mutter ehren	Autoritäten	Die Familie
6.	Nicht morden	Körperverletzung	
7.	Nicht ehebrechen	Eheliche Treue	Leben und Freiheit
8.	Nicht stehlen	Eigentum	
9.	Nicht falsch Zeugnis ablegen	Gericht und Wahrheit	Der Nächste
10.	Nicht begehren	Gier nach Besitz	

Gott (1.–5.) — Der Nächste (6.–10.)

Die Zehn Gebote schützen das Leben

Ähnlich wie es mehrere Möglichkeiten gibt, die Zehn Gebote zu nummerieren, gibt es auch mehrere Alternativen, ihre Struktur zu verstehen. Diese schließen sich nicht gegenseitig aus, sondern zeigen eher, wie viele verschiedene Ordnungsmerkmale in diesem kurzen Text enthalten sind. Versteht man die Gebote beispielsweise nach der traditionell jüdischen Anordnung, ergibt sich eine weitere interessante Anordnung, weil sich dann die Gebote gleichzeitig um eine Mitte herum gruppieren:[21]

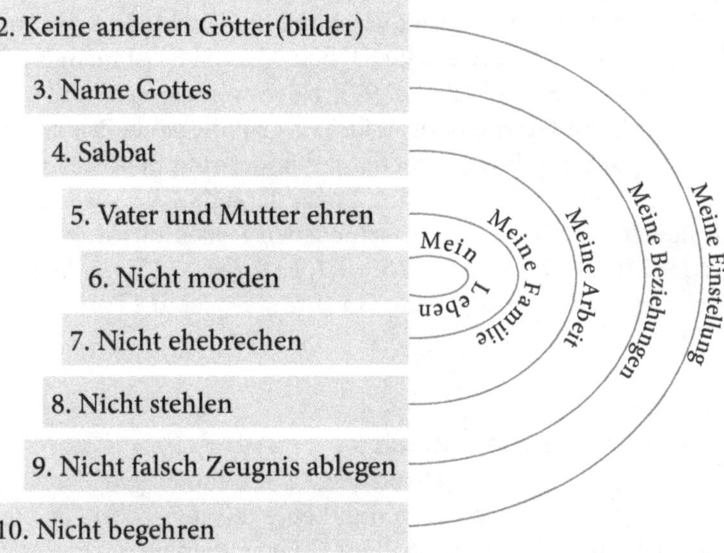

Im Kern wird der Wert des Lebens durch das sechste Gebot geschützt. Um diesen von Gott geschützten Lebensraum herum ergeben sich die anderen Gebote wie immer weitere Kreise, in denen die Familie, die Arbeit, die Beziehungen und schließlich die Einstellungen von Gott her geregelt werden. Damit wird deutlich, dass der Dekalog nicht primär dazu da ist, das menschliche Leben anstrengend zu machen und einzuschränken, sondern um dem Menschen überhaupt einen geschützten Lebensraum zu geben. Wer Gottes Geboten folgt, erlebt nicht weniger, sondern mehr Leben.

Die Zehn Gebote geben ein Muster vor

Die oben genannten Beispiele sind bei weitem nicht die einzigen Ordnungsprinzipien und Strukturen, die man in den Zehn Geboten erkennen kann. Aber sie zeigen bereits, dass der Dekalog sogar in seiner Anordnung und Formulierung dazu gedacht ist, ein Muster für das Leben in einer Beziehung zu Gott zu geben. Angesichts der Entdeckungen, die man allein in der Auswahl und Anordnung der Zehn Gebote machen kann, verwundert es nicht, dass der Psalmist begeistert schreibt: „Wie liebe ich dein Gesetz! Es ist mein Nachdenken den ganzen Tag“ (Ps 119,97)! Noch weniger verwunderlich ist, dass die Zehn Gebote in der Bibel als grundlegende Prinzipien eine breite Spur hinterlassen haben. Man findet zum Beispiel Anspielungen in Psalm 15,2-5, Hosea 4,2 oder Jeremia 7,9. Auch im Neuen Testament werden sie an verschiedenen Stellen direkt erwähnt (Mt 19,18; Mk 10,19; Lk 18,20; Röm 7,7; 13,9; Jak 2,11) oder liegen einer freieren Auflistung zugrunde (so zum Beispiel in 1Tim 1,9-10 oder Offb 9,21).

Die Zehn Gebote und ich

Bevor es in die Einzelheiten zu den Zehn Geboten geht, ist noch eine Frage wichtig: Was soll man nun heute mit den Zehn Geboten anfangen? Muss man sie alle halten? Oder nur einige? Oder gar keine?

Die Frage ist deshalb berechtigt, weil die Zehn Gebote Teil eines größeren Ganzen sind und nicht isoliert betrachtet werden können. Sie sind Teil des Bundes zwischen Gott und Israel und haben dort ihren Platz. Dieser Bund wird im Alten Testament häufiger mit der Ehe verglichen.[22] Wer würde heute schon auf die Idee kommen, den Ehevertrag zwischen zwei Menschen als allgemeingültige Verpflichtung hinzustellen, die von allen anderen zu halten ist? Ähnlich ist es mit den Zehn Geboten: Sie wurden zunächst einmal für Israel gegeben. Sie sind Gottes spezielles Wort an sein Volk. Aber ähnlich, wie ein Eheversprechen als Muster für andere gelten kann, sind auch die Zehn Gebote zwar Gottes Wort *an* Israel, aber als Gottes Wort auch nützlich *für* jeden anderen, der die Bibel liest. Schließlich ist die ganze Bibel – also auch die alttestamentlichen Gesetze – nützlich zur Lehre, zur Überführung, zur Zurechtweisung und zur Unterweisung in der Gerechtigkeit (2Tim 3,16). Das heißt: Alle Teile der Bibel sind nützlich für mich, auch wenn sie nicht ursprünglich für mich geschrieben wurden, denn sie enthalten wichtige Prinzipien über Gottes moralische Werte, Ordnungen und Lebensprinzipien, von denen ich als Christ heute jede Menge lernen kann – auch, wenn ich das Gesagte nicht immer eins zu eins auf mich anwenden kann, sondern dem Prinzip nach auf andere Situationen übertragen muss. In vielen Fällen sind zwar die Prinzipien so direkt in den Geboten enthalten, dass man sie eins zu eins umsetzen kann. Das gilt aber nicht für alle Gebote. Zum Beispiel leben die meisten Christen nicht im Land Israel und haben dort auch kein Anrecht, dauerhaft zu wohnen, wie dies im fünften Gebot (2Mo 20,12) vorausgesetzt wird. Auch erhält nicht automatisch jeder, der die Eltern ehrt, das Recht, lange in dem Land zu leben, in dem er lebt. Es wäre also falsch, das fünfte Gebot als Nichtisraelit eins zu eins auf mich anzuwenden. Stattdessen ist es notwendig, die Prinzipien, die man im Reden Gottes an Israel erkennt, auf die heutige Situation zu übertragen. Eine solche Übertragung wäre: Auch bei heutigen Christen segnet Gott nämlich Gehorsam den Eltern gegenüber, wie Paulus in Epheser 6,1-3 deutlich macht. Der bekannteste Sonderfall innerhalb der Zehn Gebote ist natürlich das Sabbatgebot. Auch dieses Gebot hat eine spezielle Funktion für Israel und ist nicht eins zu eins auf jeden heutigen Christen zu übertragen. Außerdem hat dieses Gebot auch innerhalb der Zehn Gebote eine Sonderrolle, die es zu beachten gilt. Sie ist der Grund dafür, dass Christen heute den Sabbat nicht halten müssen – aber dazu später mehr.

Diese kurzen Vorbemerkungen zur Anwendung der Zehn Gebote für heute sollen hier genügen. Im weiteren Verlauf des Buches wird es nämlich weniger um die Anwendung für heute gehen, sondern um den Schritt davor: Was genau meinen die Gebote, und was zeigen sie über Gott und seinen Willen? Die Reise kann beginnen. Sie fängt vorne an: beim Prolog der Zehn Gebote. Man darf gespannt sein (oder einfach umblättern)!

Anmerkungen

Die Anmerkungen in diesem Buch sind so gestaltet, dass sie zum Lesen und Verstehen des Buches nicht unbedingt notwendig sind, sondern eher weiterführende Gedanken oder Literaturangaben zum Weiterstöbern enthalten. Wer also entspannt und ohne lästiges Blättern lesen möchte, kann sie ignorieren. Wer hin und wieder mal ein paar Anregungen zu weiterer Literatur oder vertiefende Gedanken lesen möchte, darf gerne einen Finger hier lassen.

1 Während die Stelle in 5Mo 5,6-21 manchmal als zweite „Wiedergabe" des Dekalogs angesehen wird, ist es wichtig, zu beachten, dass sie einige bewusste Abweichungen von 2Mo 20,2-17 enthält, die damit zu tun haben, dass Mose die Zehn Gebote nun einer neuen Generation von Israeliten vorstellt. Die Unterschiede zwischen 2Mo 20,1-17 und 5Mo 5,6-21 werden hier nicht detailliert behandelt, eine äußerst ausführliche Analyse der Unterschiede und den jeweiligen Sinn der Abweichung geben B. Jacob, *Das Buch Exodus* (Stuttgart: Calwer, 1997), S. 588–600, und B. Kilchör, *Mosetora und Jahwetora: Das Verhältnis von Deuteronomium 12-26 zu Exodus, Levitikus und Numeri* (Beihefte zur Zeitschrift für Altorientalische und Biblische Rechtsgeschichte, Bd. 21; Wiesbaden: Harrassowitz, 2015). Wichtig ist hier nur: Die Unterschiede sind ausnahmslos geringfügig (etwa die Hinzufügung des Wortes „und" zwischen den Geboten). Sie sind alle bewusst von Mose vorgenommen worden, um den Sinn der Zehn Gebote auszulegen und expliziter zu machen (wie B. Jacob und B. Kilchör ausführlich nachweisen). Sie gehen also nicht darauf zurück, dass die wörtliche Fassung des Dekalogs unsicher gewesen wäre oder aus Versehen oder mit Absicht geändert werden sollte, denn diese stand ja eindeutig auf den Steintafeln und war von Gott selbst eingraviert (2Mo 24,12; 31,18; 5Mo 4,13; 9,10; 10,4).

2 Bibelzitate werden in der Regel nach der *Elberfelder Bibel* (Witten: SCM R.Brockhaus, 2020) wiedergegeben (im Folgenden abgekürzt mit ELB). In einigen Fällen habe ich mir jedoch geringfügige Anpassungen anhand des hebräischen Grundtextes erlaubt, um den Sinn noch genauer abzubilden.

3 Siehe zu diesem Befund und zur Einordnung des Sinaibundes im Kontext altvorderorientalischer Bundes- und Gesetzestexte: P. J. Gentry und S. J. Wellum, *Kingdom through Covenant: A Biblical-Theological Understanding of the Covenants* (Weathon: Crossway, 2012), S. 355–356.385–387.

4 Solche Strukturen sind im Alten Testament (wie auch im Alten Vorderen Orient überhaupt) sehr häufig und können auch als „Chiasmus" bezeichnet werden.

5 Die Verse in 2Mo 19,5-6 haben es in sich, sowohl theologisch als auch praktisch. Die theologische Bedeutung für Israel im Kontext des Bundes habe ich ausführlich erklärt in: B. Lange, *Gott bleibt Israel treu: Die Bundesbeziehung Gottes zu Israel im Sinaibund als Argumentationsgrundlage in Römer 9–11* (Edition Israelogie, Bd. 10; Frankfurt a. M.: Peter Lang, 2017), S. 86–95.

6 Vgl. B. Jacob, *Das Buch Exodus* (Stuttgart: Calwer, 1997), S. 609.

7 Siehe dazu D. I. Block, *How I Love Your Torah, O Lord! Studies in the Book of Deuteronomy* (Eugene: Cascade Books, 2011), 35; N. M. Sarna, *Exodus* (The JPS Torah Commentary; Philadelphia: Jewish Publication Society, 1991), 108.

8 Einige Gründe sprechen gegen eine solche Aufteilung: Zum Einen ist nicht klar, welche Gebote tatsächlich auf Gott und welche auf den Mitmenschen bezogen sind. Ist das Sabbatgebot noch auf Gott oder schon auf den Mitmenschen bezogen? Eine ähnliche Mittelstellung weist auch das Gebot, die Eltern zu ehren, auf, sodass auch dieses Gebot gelegentlich als auf Gott bezogenes Gebot angesehen wird (so etwa M. Weinfeld, *Deuteronomy 1-11: A New Translation with Introduction and Commentary* [Anchor Yale Bible; New Haven: Yale University Press, 2008], S. 245). Doch auch wenn man eine Aufteilung vornimmt, bei der alle Gebote bis einschließlich des Sabbatgebotes auf der einen Seite und die Fortsetzung mit dem Gebot, die Eltern zu ehren, auf der anderen Seite gestanden hätten, wären beide Seiten extrem ungleich verteilt gewesen: Die erste „Hälfte" wäre mit 131 hebräischen Worten mehr als dreimal so lang gewesen wie die zweite „Hälfte" mit nur 41 Worten. Eine solche Aufteilung ist also nicht unmöglich, aber spekulativ. Doch die Überlegung bzgl. der Länge der Zehn Gebote führt zu einer anderen interessanten Frage: Wo genau ist denn dann die Mitte des Dekalogs? Eine Antwort auf diese Frage gibt es im Kapitel zum vierten Gebot.

9 B. Jacob, *Das Buch Exodus* (Stuttgart: Calwer, 1997), S. 608.

10 Siehe dazu W. A. VanGemeren, Hg., *New International Dictionary of Old Testament Theology & Exegesis* (Grand Rapids: Zondervan, 1997), III, 553.

11 Das gilt sogar symbolisch, denn 10 ist die Summe von 7 und 3 (siehe zu dieser symbolträchtigen Summe z. B. die Frauen Salomos in 1Kön 11,3 oder den Besitz Hiobs in Hi 1,2-3). Die Zahl Zehn ist daher eine typische runde Zahl, die etwas Umfassendes ausdrückt, das sich nicht mehr steigern lässt(z. B. 1Mo 31,7.41; 4Mo 14,22; 1Sam 1,8; Dan 1,20). Im Judentum gilt sie daher auch als Zahl der Vollkommenheit, siehe zu diesen Aspekten W. A. VanGemeren, Hg., *New International Dictionary of Old Testament Theology & Exegesis* (Grand Rapids: Zondervan, 1997), III, S. 552–553.

12 1Mo 1,3.6.9.11.14.20.24.26.28.29. In 1Mo 1,22 heißt es in den meisten Bibelübersetzungen auch „und Gott segnete sie und *sprach*", allerdings ist hier im Gegensatz zu den anderen Versen eine andere hebräische Form verwendet, die man eher als Doppelpunkt übersetzen müsste und die keine Handlung signalisiert. Im Hebräischen gibt es also genau zehn Mal die Wendung „und Gott sprach".

13 Das Sabbatgebot (2Mo 20,8-11) ist das erste Gebot, bei dem explizit die Verantwortung für andere Menschen zum Ausdruck kommt, siehe dazu das Kapitel in diesem Buch zum vierten Gebot. Typischerweise gliedert man den Dekalog jedoch in zwei Gruppen von jeweils fünf Geboten, von denen fünf auf Gott und

fünf auf den Mitmenschen bezogen sind. Dieser Aspekt wird weiter unten noch besprochen.

14 Während in 2Mo 20,2-17 das sogenannte Fremdgötter- und Bildergebot getrennt werden (2Mo 20,3 und 2Mo 20,4), werden sie in 5. Mose bewusst verbunden, während umgekehrt das letzte Gebot in 2Mo 20,17 in 5. Mose in zwei Gebote geteilt wird. Siehe zu den Details B. Kilchör, *Mosetora und Jahwetora: Das Verhältnis von Deuteronomium 12-26 zu Exodus, Levitikus und Numeri* (Beihefte zur Zeitschrift für Altorientalische und Biblische Rechtsgeschichte, Bd. 21; Wiesbaden: Harrassowitz, 2015), S. 45–46. Es gibt also sogar in der Bibel selbst mehr als nur eine Art, die Zehn Gebote zu gliedern!

15 Eine ausführliche Darstellung unterschiedlicher Arten der Gliederung mit Diskussion gibt D. L. Baker, „Ten Commandments, Two Tablets: The Shape of the Decalogue“, *Themelios* 30 (2005), S. 6–22, hier S. 9–13.

16 Siehe hierzu B. Lange, *Gott bleibt Israel treu: Die Bundesbeziehung Gottes zu Israel im Sinaibund als Argumentationsgrundlage in Römer 9–11* (Edition Israelogie, Bd. 10; Frankfurt a. M.: Peter Lang, 2017), S. 96–98 mit weiterer Literatur.

17 Diese Aufteilung ist etwas vereinfacht. Denn zum Einen besteht natürlich nicht der ganze Inhalt von 4. Mose aus Gesetzen. Zum anderen legen die Strukturmerkmale im Gesetz eher eine Aufteilung nahe, bei der die Kultgesetze von 2Mo 25 bis 3Mo 26 und die Einzelbestimmungen von 3Mo 27 bis 4Mo 36 reichen, also nicht genau mit den heutigen Grenzen der Bibelbücher übereinstimmen, siehe dazu B. Kilchör, *Mosetora und Jahwetora: Das Verhältnis von Deuteronomium 12–26 zu Exodus, Levitikus und Numeri* (Beihefte zur Zeitschrift für Altorientalische und Biblische Rechtsgeschichte, Bd. 21; Wiesbaden: Harrassowitz, 2015), S. 1–11.

18 Das gesamte Buch ist im hinteren Teil (5Mo 12–26) nach der Abfolge der Zehn Gebote gegliedert (vgl. zu einer neueren Forschungsarbeit zu dieser Thematik etwa B. Kilchör, *Mosetora und Jahwetora: Das Verhältnis von Deuteronomium 12-26 zu Exodus, Levitikus und Numeri* (Beihefte zur Zeitschrift für Altorientalische und Biblische Rechtsgeschichte, Bd. 21; Wiesbaden: Harrassowitz, 2015)).

19 Es fehlt hier der Platz, um das im Detail zu erklären oder anhand der altvorderorientalischen Gesetzeskorpora nachzuweisen. Eine gute Einführung in alttestamentliche und altvorderorientalische Gesetze geben T. Arnold, „Gesetzestexte im Alten vorderen Orient und im Alten Testament“, *Zur Umwelt des Alten Testaments* (Hg. H. Pehlke; Holzgerlingen: Hänssler, 2002), S. 114–153; J. H. Walton, *Ancient Near Eastern Thought and the Old Testament: Introducing the Conceptual World of the Hebrew Bible* (Grand Rapids: Baker Academic, 2006), S. 287–302.

20 Das ist die Art und Weise, wie Gesetze im Alten Vorderen Orient generell funktionieren. Dass auch der Dekalog auf diese Weise verstanden werden muss, kann man sogar innerbiblisch nachweisen. So ist etwa auch das Bundesbuch (2Mo

20,22–23,33) nach der Struktur der Zehn Gebote gegliedert und legt damit den Dekalog aus (das hoffe ich in einem weiteren Buch näher erklären zu können, das sich ausschließlich mit dem Bundesbuch beschäftigt). Interessant ist nun, dass in den Gesetzen, die den Bereich der Körperverletzung und Gewalt betreffen, auch unterschiedliche Fälle von Schlägen behandelt werden (2Mo 21,18-32). Auch im fünften Buch Mose, das ebenfalls nach der Abfolge der Zehn Gebote strukturiert ist, verhält es sich ähnlich: In dem Abschnitt, der dem sechsten Gebot „du sollst nicht töten" entspricht, werden auch Gesetze zur Kriegsführung und anderen Unterthemen behandelt (5Mo 19–21). Einen letzten Hinweis gibt schließlich das Neue Testament: In der Bergpredigt legt Jesus den von Gott intendierten Sinn der Gesetze offen (dies ist plausibler als die häufig geäußerte, aber exegetisch schwer haltbare These, dass Jesus das Gesetz verschärft oder eine Art neues Gesetz einführt). Weil das sechste Gebot für den gesamten Bereich der Gewalt steht, ist sogar Gewalt mit Worten darin eingeschlossen (Mt 5,21-23).

21 Diese Gliederungsmöglichkeit ist entnommen aus J. Steinberg, *Wie Gott uns Raum zum Leben schenkt: Ein Plädoyer für Weite im Glauben* (Witten: SCM R.Brockhaus, 2015), S. 119.

22 Siehe dazu unten die Ausführungen zum siebten Gebot.

DER PROLOG: ALLES BEGINNT MIT ERLÖSUNG (2MO 20,1-2)

Und Gott redete alle diese Worte und sprach: Ich bin Jahwe, dein Gott, der ich dich aus dem Land Ägypten, aus dem Sklavenhaus, herausgeführt habe.

Wer redet da zu wem?

Die Zehn Gebote werden damit eingeleitet, dass Gott „alle diese Worte redete" (2Mo 20,1). Doch zu wem eigentlich? Das steht nicht da. Das ist kein Zufall und auch keine Eigenart des Hebräischen. Im Gegenteil: Es ist auch im Hebräischen besonders, denn nur hier im Buch 2. Mose wird bei der Einführung einer Rede Gottes kein Adressat genannt.[1] Warum ist das so? Vielleicht, weil offensichtlich ist, dass Gott die Worte zu Israel redet? Schließlich war es genau dieses Volk Israel, das am Fuße des Berges stand und gebannt zum Berg schaute. Doch so offensichtlich ist der Empfänger der Rede gar nicht. Einige vermuten daher sogar, dass Gott die Zehn Gebote zunächst nur Mose mitgeteilt hat.[2] Obwohl diese Möglichkeit nicht ausgeschlossen ist, bleibt sie doch unwahrscheinlich. Denn zum einen legt 2. Mose 20,18-19 nahe, dass das ganze Volk die Worte gehört hat und aufgrund der ehrfurchtsgebietenden Stimme und Erscheinung Gottes anschließend nicht mehr unmittelbar hören möchte, was Gott sagt, sondern Mose als Mittler vorschickt. Zum anderen bestätigen spätere Nacherzählungen der Bibel, dass Gott die Zehn Gebote laut und direkt zum Volk sprach, also nicht nur zu Mose als Mittler (vgl. 5Mo 4,10-14.32-40; 5,4.22-27; 9,10; Neh 9,13; Hebr 12,19). Doch warum muss man das erst kompliziert aus dem Zusammenhang erschließen? Warum ist nur hier im Buch 2. Mose die Einleitung einer Rede Gottes bewusst so allgemein gehalten, ohne den Hörer explizit zu nennen?

Die Besonderheit: Gott redet!

Die Formulierung weist absichtlich auf eine große Besonderheit bei der Bekanntgabe der Zehn Gebote hin. Obwohl alle anderen Gebote des Gesetzes über Mose als Mittler gegeben wurden, ist das, was bei der Gabe der Zehn Gebote passierte, absolut erstaunlich: Gott redet öffentlich zu einer riesigen Menschenmenge ohne einen Mittler.[3] Bei keinem anderen Ereignis der Bibel teilt sich Gott vom Himmel her so öffentlich und so direkt mit, wie bei der Gabe der Zehn Gebote.[4] Bei keinem anderen Ereignis der Bibel sprach Gott so laut zu einer so großen Anzahl von Menschen. Bei keinem anderen Ereignis der Bibel wurden so viele Menschen Ohrenzeugen einer direkten Rede Gottes.

Es ist genau diese Besonderheit, die in der Einleitung hervorgehoben wird. Indem bewusst (und zum ersten und einzigen Mal im Buch 2. Mose) bei einer Rede Gottes kein Adressat genannt wird, betont die Bibel, wie einzigartig das ist, was hier geschieht. Indem einfach nur gesagt wird: „Und Gott redete alle diese Worte und sprach“, soll genau das betont werden: Gott redete und sprach! Diese Besonderheit wird hier herausgestellt. Ja, er redet wirklich zu den Menschen! Die Bibel beginnt bereits in ihrem dritten Vers damit, dass Gott redet. Überhaupt ist die erste konkrete Handlung der Bibel (nach dem allgemeinen „Im Anfang schuf Gott Himmel und Erde“ in 1Mo 1,1), dass Gott redet (1Mo 1,3). Gott ist ein Gott der Kommunikation, der sich Menschen mitteilen will. Diese Tatsache wird bei der Gabe der Zehn Gebote durch die spezielle

Formulierung betont. Außerdem zeigt die allgemeine, ja, fast absolute Formulierung „Und Gott redete alle diese Worte und sprach", dass die Gabe der Zehn Gebote eine absolute, autoritative Rede Gottes ist.

Ist es nun unwichtig, zu wem Gott diese Worte redet, wenn dies in 2. Mose 20,1 nicht explizit erwähnt wird? Keineswegs. Es ist sogar sehr wichtig, dass Gott diese Worte zu *Israel* in einem *ganz speziellen Zusammenhang* redet, in dem es um einen Bund zwischen Gott und diesem Volk geht. Gott sagt die Worte also nicht einfach aus dem Himmel zu jedem Menschen, sondern zu einem ganz bestimmten Volk. Sie sind nicht direkt zu *mir* gesprochen, aber sie sind nützlich *für mich,* damit ich Gott, seine Prinzipien und seinen Willen besser verstehe. Und genau das steht hier im Vordergrund: Gott spricht und teilt sich dem Menschen mit! Obwohl das eigentlich selbstverständlich ist, ist es doch so besonders - einfach erstaunlich.

Alles beginnt mit Gott

Was sagt Gott denn nun? Das erste Wort ist „Ich". Im Hebräischen ist dies sogar noch stärker hervorgehoben, weil eine besondere Langform des Pronomens verwendet wird. Dieser Beginn ist wiederum kein Zufall, wenn man sich daran erinnert, dass hier ein Bund Gottes beginnt. Es ist beachtlich, dass *jeder Bund,* den Gott im Alten Testament mit Menschen schließt, mit dem Wort „Ich" beginnt. Das gilt für den Bund Gottes mit Noah und der ganzen Menschheit (1Mo 9,9), für den Bund mit Abraham und seinen Nachkommen (1Mo 17,1), für den Bund am Sinai mit dem Volk Israel (2Mo 20,1), für den Bund mit David (2Sam 7,8) und für den neuen Bund (Hes 34,24).[5]

Doch warum ist das so? Ist es nicht egozentrisch von Gott, den Dekalog und überhaupt jeden Bund der Bibel mit dem Wort „Ich" zu beginnen? Für einen Menschen wäre das so. Für uns gilt es als schlechter Stil, eine Rede oder ein Schreiben mit „ich" zu beginnen. Man fängt nicht mit sich an. Doch was für Menschen egozentrisch klingt, ist bei Gott gar nicht anders möglich.

Gott muss für sich sein, um für uns zu sein

Gott *muss* mit sich anfangen, wenn überhaupt etwas geschehen soll. Hätte Gott beim Menschen begonnen, wäre alles zum Scheitern verurteilt. Hätte Gott zuerst etwas vom Menschen erwartet, gefordert oder auf den Menschen gewartet, bevor er selbst zu handeln beginnt, hätte es bis heute keine Rettung für die Menschen gegeben! Gott will Menschen durchaus gebrauchen, aber erst, nachdem er selbst den Anfang gemacht hat. Es ist daher falsch, zu sagen: *Gott kann nichts mit uns anfangen,* sondern richtig und sogar notwendig ist es, zu sagen: *Gott kann nicht mit uns anfangen.* Er muss mit *sich* anfangen. Er muss selbst die Initiative ergreifen. Genau das tat Gott auch, als er die größte Rettung bis dahin, den Auszug aus Ägypten, initiierte, indem er seinen Boten – den „Engel Jahwes", der in merkwürdiger Weise Gott selbst zu sein scheint – auf die Erde sandte (2Mo 3,2.8) und Israel durch ihn aus Ägypten herausführte (2Mo 14,19; 23,20; 4Mo 20,16; Ri 2,1). Er tat es, indem er seinen *Sohn* zur Erlösung auf diese Erde sandte (Gal 4,4-5; 1Jo 4,10), der ebenfalls Gottes Gesandter, gleichzeitig aber selbst Gott ist.[6] Und genau das tat Gott eben auch bei der Gabe der Zehn Gebote: Er fing mit sich an.

Das ist alles andere als egozentrisch. Im Gegenteil: Wenn Gott wirklich für uns ist, muss er für sich sein. Er beginnt daher mit der Selbstvorstellung „Ich bin Jahwe". Er kann uns nichts Besseres als sich selbst geben. Hätte Gott zugelassen, dass unsere Beziehung zu ihm allein von uns abhängt, dann wären wir niemals mit ihm in Verbindung gekommen und Gott wäre nicht wirklich an uns interessiert. Gerade weil er uns das Beste geben will, muss er uns sich selbst schenken und mit sich selbst beginnen. Daher beginnen auch die Zehn Gebote mit dem Wort „Ich". Sie beginnen mit dem, was Gott in seinem Wesen ist, und damit, was er tut. Erst dann kommt das, was er von den Menschen erwartet.

Wer Gott ist

„Ich bin Jahwe, dein Gott" – so beginnt Gott. Er fängt mit einer Selbstvorstellung an, in der er zunächst sein Wesen offenbart. Die Selbstvorstellung zeigt, dass hier ein Bund beginnt. Zu Beginn werden formell die Vertragspartner genannt und eingeführt. Zunächst stellt sich Gott vor (und es ist interessant, wie Israel eingeführt wird – doch dazu unten mehr). Im Alten Vorderen Orient begannen Bünde mit einer Präambel, in der die Bundespartner vorgestellt wurden.[7] Das ist auch hier der Fall: Gott stellt sich vor.

Doch während die Worte „Ich bin", gefolgt von einem Namen, heute fast ausschließlich nur noch verwendet werden, um sich gegenüber Unbekannten vorzustellen, ist das im Hebräischen nicht der Fall. Schließlich kannten die Israeliten sowohl Gott als auch seinen Namen schon. Wieso also sagt Gott noch einmal seinen Namen? Reine Formsache? Sicher nicht. Anders als bei uns heute steht der Name im Hebräischen nicht einfach dafür, jemanden anreden und von anderen unterscheiden zu können. Er steht für das Wesen einer Person und gibt Aufschluss darüber, wie die Person beschaffen ist, die man vor sich hat. Der Name ist Programm – und genau das betont die Selbstvorstellung Gottes zu Beginn der Zehn Gebote.

▸ *Der persönliche, nahbare Gott*

Indem sich Gott mit „Ich bin Jahwe, dein Gott" vorstellt, zeigt er etwas von seinem Wesen. Er nennt bewusst den Namen „Jahwe" (und nicht einen der anderen von hunderten Namen und Bezeichnungen Gottes)[8], das in heutigen Bibeln häufig mit „HERR" wiedergegeben wird. Als Leser einer heutigen Bibel könnte man auf den Gedanken kommen, dass „Gott", „HERR", „Herr" und andere Bezeichnungen ohne großen Unterschied in der Bedeutung nach Belieben wechseln. Doch das ist nicht der Fall! Die Namen und Bezeichnungen Gottes werden in der Bibel sehr bewusst und mit erkennbaren Unterschieden in der Bedeutung verwendet. Während „Gott" die Macht, das Wesen und die Stellung Gottes im Vergleich zum Menschen betont und damit eher die Distanz zwischen Gott und Menschen ausdrückt, steht bei „Jahwe" die Beziehung zum Menschen im Vordergrund.[9]

▸ *Der Rettergott*

Der Name „Jahwe“ macht Gott jedoch nicht klein, denn die einzige inhaltliche Erklärung des Namens als „Ich bin, der ich bin“ (2Mo 3,14) zeigt eher, dass Gott in keine menschliche Kategorie passt und völlig einzigartig und unvergleichlich ist. Er macht Gott umso größer, weil er betont, dass *dieser unvergleichliche, ultimative Gott sich dennoch dem Menschen zuwendet und sich zu ihm herabneigt.* Der Name „Jahwe“ wird daher auch (aber nicht nur) gezielt dort verwendet, wo Gott Menschen rettet – wie etwa bei der Rettung Israels aus Ägypten. Mehr noch: Es ist genau dieser Aspekt, der durch den Auszug aus Ägypten als neue Komponente des Namens Jahwe offenbart wird, wie 2. Mose 6,3 deutlich macht.[10] Im Kontext des Buches 2. Mose ist „Jahwe“ also zunächst der große Rettergott.

▸ *Der Bundesgott*

Doch die Bezeichnung geht noch weiter. Im Deutschen könnte man die Fortsetzung „dein Gott“ überlesen. Sie scheint nicht viel auszusagen. Ist es nicht logisch, dass Jahwe Israels Gott ist? Sonst wären sie doch nicht zusammen am Sinai, oder? Stimmt, aber genau das ist der Punkt! Ohne Gott wären sie nicht am Sinai. Der Sinai entspricht am ehesten einer Hochzeit zwischen Gott und Israel.[11] Der Name steht also für die feste Bundesbeziehung, die zwischen Gott und Israel besteht – und die schon vor der Hochzeit begann. Sonst wären sie nämlich nicht an dem Berg!

Der Ausdruck „dein Gott“ ist in der Bibel eine Kurzfassung der Formel „Ich will dir Gott sein“ und „du sollst mir Volk sein“. Diese Formel wird als *Bundesformel* bezeichnet und taucht nur in ca. 25 Stellen des Alten Testamentes auf. Sie wird also nicht verschwenderisch, sondern nur vereinzelt und sehr bedacht verwendet.[12] Der Ausdruck „dein Gott“ kommt im Alten Testament wesentlich häufiger als die Bundesformel vor, fasst diese jedoch zusammen.[13] Auch sie wird jedoch im AT bis 2. Mose 20 keinesfalls verschwenderisch, sondern nur höchst selten gebraucht. Eigentlich wird sie erst bei der Selbstvorstellung Gottes im Dekalog richtig eingeführt.[14] Wie bedeutend diese Bezeichnung Gottes ist, kann man leicht daran erkennen, dass sie von dieser entscheidenden Stelle an weitere 170-mal im AT gebraucht wird, davon allein 140-mal in der Thora. Indem Gott sich also als „Jahwe, dein Gott" vorstellt, sagt er mehr als das Offensichtliche: Er betont die enge Beziehung, die zwischen ihm und Israel existiert und durch den Bund nun geschützt und formell besiegelt werden soll. Gott ist ein Gott der Beziehung. Zuerst will und muss er eine Beziehung zu Menschen aufbauen. Erst dann kann *aus dieser Beziehung* folgen, was Gott will. Damit stellt sich Gott zu Beginn der Zehn Gebote also als unvergleichlicher, einzigartiger und dennoch den Menschen zugewandter, rettender und beziehungsorientierter Gott vor. Das alles steckt in seinem Namen, der für sein *Wesen* steht. Doch Gott stellt sich noch auf eine andere Art vor, nämlich durch sein *Handeln*.

Was Gott tut

Die Selbstvorstellung Gottes geht nach der Selbstbezeichnung noch weiter: „Ich bin Jahwe, dein Gott, der ich dich aus dem Land Ägypten herausgeführt habe" (2Mo 20,2). Gott stellt sich neben seinem *Sein* auch über sein *Tun* vor – beides ist Teil der Selbstoffenbarung. Gott offenbart sich einerseits, indem er sein Wesen, seine Namen und seine Eigenschaften nennt. Doch andererseits offenbart er sich genauso durch sein Handeln. Beide zusammen, Wesen und Handeln, ergeben ein fassbares, erlebbares und beeindruckendes Bild von ihm.

▸ *Gott erlöst*

Was tut Gott? Er erlöst. Er stellt sich als der Gott vor, der Israel aus Ägypten herausgeführt hat. Das Wort „herausführen" ist im alttestamentlichen Gesetz ein spezielles Wort, das fast schon synonym zu „erlösen" verwendet wird. Es ist das Standard-Wort, das für den Auszug aus Ägypten gebraucht wurde (2Mo 6,6; 7,4.5; 12,17.51; 13,3.9.14.16; 16,6; 18,1), und so fast gleichbedeutend mit „erlösen" wird. Die Nähe des Wortes zu „erlösen" ist sogar so eng, dass das Wort ausgehend von der Herausführung aus Ägypten in dem auf die Zehn Gebote folgenden Gesetze die Bedeutung „frei werden/lassen" bekommt. Das ist nicht nur in den Sklavengesetzen in 2. Mose 21,3.6.11 so, sondern auch im späteren Gesetz.[15] Was also im Deutschen so harmlos nach einer Herausführung von einem Ort zum anderen klingen könnte, hat im Hebräischen schon dem Wort nach den Klang der Erlösung. Das Gesetz beginnt also damit, dass Gott erlöst und freimacht. Er hat Israel aus Ägypten erlöst und sein Volk freigekauft.

▸ *Gerettet vor dem sicheren Tod*

Im Deutschen klingt die Formulierung „der dich aus dem Land Ägypten herausgeführt hat" ungefähr so spektakulär wie die Überführung eines Mietwagens von einem Land ins andere. Doch dieser Schein trügt. Hier ist eine Erlösung vor dem sicheren Tod gemeint, denn Ägypten wird in 2. Mose 20,2 als „Sklavenhaus" bezeichnet – oder wörtlich: „Haus der Knechte". Wie der Zustand der Israeliten in Ägypten aussah, wird aus 2. Mose 1–6 ersichtlich. Es war ein Leben unter lebensunwürdigen Umständen, ohne Gnade, ohne Aussichten unter der Herrschaft eines harten, unbarmherzigen Herrn. In 5. Mose 4,20 wird dieser Zustand als „eiserner Schmelzofen" bezeichnet. Die Bezeichnung ist eindeutig: Israel ist vor dem sicheren Tod gerettet worden. Es hatte keine Zukunft in Ägypten, sondern wurde vom Pharao verheizt und dem Tod durch Überarbeitung unter schwersten Umständen übergeben. Das Leben der Israeliten war für niemanden wertvoll – außer für Gott. Die Zehn Gebote beginnen mit einem genialen Anfang: damit, dass Gott ein Erlöser ist, der Menschen vor dem sicheren Tod rettet!

Im weiteren Verlauf der Bibel wird die Rettung aus Ägypten zum Muster für eine wesentlich größere Rettung, der Rettung vor dem sicheren Tod durch die Sünde.[16] Es ist daher auch heute noch wichtig, sich daran zu erinnern: Ohne Gottes Erlösung gibt es nur den sicheren Tod. Die Alternative zu Gott ist eben kein (ewiges) Leben mit Fun, Action und herausragenden Erlebnissen. Ohne Gott gibt es nur ein Schicksal, nämlich den sicheren (ewigen) Tod. Erlösung ist nichts, worum Gott Menschen anbetteln muss. Häufig wird das

Leben mit Gott beworben als etwas, das das Leben *noch* ein bisschen schöner, attraktiver oder erfüllter macht. Sozusagen als Sahnehäubchen auf einem ansonsten schon guten und tollen Leben. Doch so wie es für die Israeliten ohne Gott kein schönes Leben, sondern nur einen Schmelzofen gab, so gilt das auch für das ewige Schicksal jedes Menschen: Ohne Gott gibt es nur den sicheren und ewigen Tod. Und wenn das Leben als Erlöster sich manchmal nicht wie das gelobte Land anfühlt, dann ist es wichtig, sich daran zu erinnern: Es geht nicht darum, von einer Nilkreuzfahrt in die traumhafte Karibik zu kommen, sondern von einem Schmelzofen in Ägypten vor dem sicheren Tod gerettet zu werden und dann *in Gottes Gegenwart leben zu dürfen.* Das Ziel – das verheißene Land – steht zum Zeitpunkt der Zehn Gebote erst noch aus.

▸ *Von Gott als Knechte erkauft*

Der Ausdruck „Haus der Knechte" (ELB: „Sklavenhaus") in 2. Mose 20,2 bringt außerdem einen Begriff ins Spiel, der sowohl in den Zehn Geboten als auch im weiteren Gesetz noch wichtig wird, nämlich das Wort „Knecht". Gott erinnert sein Volk daran, dass sie früher Knechte und Sklaven waren – und zwar im Besitz eines Herrn, der übler nicht sein konnte. Gott hat sie aus dem „Haus der Knechte" befreit. Doch es gibt keine Freiheit in völliger Unabhängigkeit. Die Erlösung aus Ägypten ist ein Freikauf von einem alten Herrn in den Besitz eines neuen Herrn, nämlich Jahwes. Jahwe erkauft sein Volk als „Eigentumsvolk" (2Mo 19,5). Sie sollen sein spezieller, besonders gehegter Besitz sein, der seine Ehre darstellt.[17] Damit ist auch eine Erwartung verbunden: Wenn Gott Israel von dem sicheren Tod freigekauft und als sein Eigentum und seine Knechte erkauft hat, dann hat nun er das völlige Verfügungsrecht über sie! Er darf entscheiden, was mit ihnen geschieht, was sie tun, wo und wie sie leben. Diese Tatsache ist ungeheuer wichtig, denn sonst wäre nicht verständlich, wie Gott wenige Sätze später gebieten kann, dass sein Volk nicht anderen Göttern, sondern nur ihm allein dient (2Mo 20,5 – das mit „dienen" übersetzte Wort ist von derselben Wurzel wie das Wort „Knecht/Sklave" in 2Mo 20,2). Gott hat sich Israel als Knecht und Eigentum erkauft, daher gibt es nun gar keine andere Möglichkeit, als dass sie ihm dienen. Es braucht hier eigentlich nicht gesagt werden, dass Jahwe sich natürlich vollständig von dem ehemaligen Herrn der Israeliten unterscheidet: Er ist im Gegensatz zum Pharao gütig, barmherzig, mitfühlend und hat nur das Beste für sein Volk im Sinn. Aber das darf nicht die Tatsache schmälern, dass Gott einen Anspruch auf das Leben der von ihm Erlösten hat – und zwar er allein.

Alles beginnt mit Erlösung

Warum ist es so wichtig, dass die Zehn Gebote mit einem Rückblick auf das beginnen, was Gott bereits getan hat? Schließlich wussten die Israeliten doch, dass sie gerade aus Ägypten erlöst waren.

Dieser Beginn der Zehn Gebote ist wichtig, weil er zeigt, was die Grundlage der Gebote ist, die Gott Israel gibt – nämlich wer und wie Gott ist und was er für Israel schon *getan hat.* Die Zehn Gebote sind und waren nie dazu da, ein Weg der Erlösung zu sein. Sie sind nicht einem Volk gegeben, das Erlösung sucht, sondern einem Volk, das Gott bereits erlöst hat. Bevor Gott seinem erlösten Volk sagt, was sie tun sollen, sagt Gott, was er bereits *getan hat.* Ein Leben in der Abhängigkeit und in der Gemeinschaft mit Gott muss bei dem anfangen, was Gott getan hat. Gott spricht seine Gebote, Prinzipien und weisen Lebensordnungen nicht vom Himmel herab zur ganzen Menschheit, sondern zu *Erlösten.* Erst auf dieser Grundlage wird auch verständlich, weshalb Gott seinem Volk Lebensprinzipien geben darf. Er tut dies einerseits als „Jahwe", der die Welt geschaffen hat, andererseits aber als „dein Gott" und somit als persönlicher Erlöser, der sein Volk für sich erkauft hat. Vor diesem Hintergrund entfaltet das nun folgende erste Gebot eine ungeheure Wucht – man darf gespannt sein (oder einfach weiterblättern)!

Anmerkungen

1 Vgl. T. D. Alexander, *Exodus* (Apollos Old Testament Commentary; London: Apollos, 2017), S. 390.

2 So etwa B. Jacob, *Das Buch Exodus* (Stuttgart: Calwer, 1997), S. 552. Das liegt daran, dass man 2Mo 19,25–20,1 auch so übersetzen könnte: „Da stieg Mose zum Volk hinab und sagte ihnen: ‚Und Gott redete alle diese Worte und sprach: Ich bin Jahwe, dein Gott …'". Bei diesem Verständnis hätte Gott Mose also schon vorher auf dem Berg (2Mo 19,20-25) die Zehn Gebote mitgeteilt, damit Mose sie anschließend dem Volk sagen konnte.

3 Dasselbe gilt übrigens ähnlich auch für die Niederschrift der Zehn Gebote: Sie wurden von Gott selbst auf die Steintafeln geschrieben (2Mo 24,12; 31,18; 5Mo 4,13; 9,10; 10,4), während alle übrigen Gebote nur durch die Hand Moses als Mittler niedergeschrieben wurden (2Mo 24,4; 34,27; 5Mo 31,9). Allerdings wurden die von Gott beschriebenen Tafeln natürlich von Mose als Mittler dem Volk übergeben (2Mo 24,12). Man kann also einerseits die Sonderstellung des Dekalogs im Gesetz erkennen, andererseits aber auch sehen, dass die schriftliche Form des Gesetzes von Mose als Mittler an das Volk übergeben wurde. Insofern hat Paulus trotz der Sonderstellung des Dekalogs Recht, wenn er in Gal 3,19-20 die Notwendigkeit eines Mittlers bei der Gabe des Gesetzes betont. Die Erwähnung von Engeln in Gal 3,19 erklärt sich übrigens dadurch, dass nach 5Mo 33,2 und Ps 68,17-18 auch Engel auf dem Berg Sinai waren, als Gott Mose das Gesetz übergab.

4 Streng genommen ist das nicht ganz richtig, denn so, wie sich Gott in seinem absoluten Wort bei der Gabe der Zehn Gebote mitteilte, teilte er sich erst mit seinem absoluten Wort vom Himmel in seinem Sohn Jesus Christus – *dem Wort* (Joh 1,1) – in vollumfänglicher, endgültiger Weise mit (Hebr 1,2). Die Besonderheit dieser letztgültigen Selbstoffenbarung Gottes versteht man noch besser vor dem Hintergrund der Gabe des Dekalogs, bei der man sieht, wie außergewöhnlich ein solches absolutes Reden Gottes ist.

5 Das Hebräische „und" besteht nur aus einem Buchstaben, der immer mit dem ersten Wort verbunden ist und kein eigenes Wort bildet. Auch die Einleitung mit „und ich" ist daher im Hebräischen ein einziges Wort.

6 Der aufmerksame Bibelleser wird natürlich feststellen, dass auch Gottes Sohn selbst als „Bote" oder „Gesandter" bezeichnet wird (vgl. Joh 3,17; Lk 20,13; Gal 4,4), während umgekehrt der „Bote" in 2Mo 3 Gott selbst ist (vgl. 2Mo 3,2 mit 3,4). Tatsächlich liegt der Gedanke nahe, dass sich in beiden Fällen der Sohn Gottes, selbst Gott, als Bote zur Rettung senden ließ (und damit also der „Engel Jahwes" niemand anders als der Sohn Gottes vor seiner Menschwerdung ist). Wer diesen Gedanken weiterverfolgen will, kann hier weiterlesen: D. K. Stuart, *Exodus* (The New American Commentary; Nashville: Broadman & Holman

Publishers, 2006), S. 110–113; W. C. Kaiser Jr., P. H. Davids, F. F. Bruce und M. T. Brauch, Hg., *Hard Sayings of the Bible* (Downers Grove: InterVarsity, 1996), S. 191–192.

7 Siehe zu einer Übersicht damaliger Bünde (Vasallenverträge) und ihrer Form: K. A. Kitchen, *Das Alte Testament und der Vordere Orient: Zur historischen Zuverlässigkeit biblischer Geschichte* (Gießen: Brunnen, 2012[2]), S. 370–377.

8 Wer an den Namen Gottes interessiert ist, findet eine schöne Zusammenstellung im Buch von A. Meister, *Namen des Ewigen* (Dübendorf: Mitternachtsruf, 2006[2]). Das Buch orientiert sich nicht streng an Namen, sondern erklärt alle Bezeichnungen für Gott in der Bibel.

9 Mehr dazu im Kapitel zum dritten Gebot (2Mo 20,7).

10 Siehe zur Erklärung dieser Stelle das Kapitel zum dritten Gebot in diesem Buch.

11 Siehe dazu die Erklärungen weiter unten zum achten Gebot (2Mo 20,14).

12 Siehe zur Bundesformel im Alten Testament die kurze, aber wichtige Arbeit von R. Rendtorff, *Die „Bundesformel": Eine exegetisch-theologische Untersuchung* (Stuttgarter Bibelstudien, Bd. 160; Stuttgart: Katholisches Bibelwerk, 1995). Dort werden alle Stellen mit der Bundesformel untersucht.

13 G. J. Botterweck und H.-J. Fabry, Hg., *Theologisches Wörterbuch zum Alten Testament* (Stuttgart: Kohlhammer, 1993), I, S. 296–297.

14 Sie wird wörtlich nur in 1Mo 27,20 in Bezug auf Isaak verwendet. Das ist der einzige Beleg nach der Einführung in 1Mo 17,7-8 und bildet eine Ausnahme, weil sie von Esau formelhaft gegenüber Isaak verwendet wird. Die erste Verwendung im Mund Gottes findet sich in 2Mo 20,1.

15 Besonders deutlich ist das an Stellen, die anders gar keinen Sinn ergeben. So wird das Wort zum Beispiel in 3Mo 25,28.30 für das Freiwerden oder Gelöstwerden eines Feldes gebraucht (ein Feld kann nicht „ausziehen").

16 Ein deutliches Beispiel ist das Kapitel in Jes 43, das vor dem Hintergrund des Auszugs aus Ägypten (vgl. z. B. Jes 43,2.20) einen neuen Exodus ankündigt, der mit der Vergebung der Sünden zu tun hat (Jes 43,25). Das Bild dieses neuen Exodus ist gerade in den prophetischen Büchern der Bibel typisch (ein anderes Beispiel ist etwa Hos 2,16-25). Genau dieses Bild ist es, das schließlich für das Kommen Jesu in Lk 1,74-79 und Mk 1,2-3 (mit Zitaten aus 2Mo 23,20; Mal 3,1; Jes 40,3) verwendet wird.

17 Das ist die Bedeutung des in 2Mo 19,5 verwendeten hebräischen Wortes für „Eigentum", siehe B. Lange, *Gott bleibt Israel treu: Die Bundesbeziehung Gottes zu Israel im Sinaibund als Argumentationsgrundlage in Römer 9–11* (Edition Israelogie, Bd. 10; Frankfurt a.M.: Peter Lang, 2017), S. 91.

DIE BESONDERHEIT DER „DU SOLLST"-FORMULIERUNG

Du sollst nicht ...

Eine besondere Formulierung

Das erste Gebot – und überhaupt *fast* alle Gebote des Dekalogs – beginnen mit den sehr bekannten Worten „Du sollst nicht". Wieso *fast?* Genau genommen beginnt nicht jedes Gebot damit, denn es gibt Ausnahmen. Das vierte Gebot (Sabbatgebot, 2Mo 20,8-11) und das fünfte Gebot (Eltern ehren, 2Mo 20,12) beginnen nicht mit „Du sollst nicht", sondern sind positiv formuliert. Es gibt also im Dekalog zwei Gebote, die zu etwas auffordern, und acht Gebote, die etwas verbieten. Wieso sind gerade das vierte und das fünfte Gebot positiv formuliert? Darauf müssen wir später zurückkommen. Zunächst schauen wir uns aber die Formulierung der „Du sollst nicht"-Gebote näher an. Sie sind vielleicht die typischsten Worte der Zehn Gebote überhaupt. Und sie sind gewissermaßen auch ein Schreckgespenst, denn klingen diese Worte nicht so, als würde Gott nur verbieten, einschränken und bremsen? Diese Worte enthalten eine ungeheure Sprengkraft, weil sie sehr besonders sind – und zwar sowohl im Hinblick auf die Grammatik als auch im Hinblick auf ihre Wirkung. Beide Besonderheiten haben damit zu tun, dass ein einzigartiger Gott einzigartige Prinzipien erlässt. Und beide Besonderheiten regen zum Staunen an.

Eine einzigartige Formulierung

In jeder Sprache gibt es die Möglichkeit, ein Verbot zu formulieren. Im Deutschen nimmt man dazu einfach den Imperativ und verneint ihn. Zum Beispiel: *„Geh nicht weg!"* Im Hebräischen gibt es die Besonderheit, dass Imperative nicht verneint werden können. Deshalb gibt es eine Ersatzform für Verbote, die auch als *Vetitiv* bezeichnet wird.[1] Ein Vetitiv bezeichnet ein Verbot, das auf einen speziellen Kontext bezogen ist und darüber hinaus keine Allgemeingültigkeit besitzt – eben wie im Deutschen: *„Geh nicht weg!"* Doch als Gott seinem Volk die Zehn Gebote gibt, reicht ihm der Vetitiv nicht aus. Er möchte mehr ausdrücken als ein Verbot, das nur in einem sehr engen Rahmen gilt. Er möchte allgemeingültige, autoritative Prinzipien geben.[2] Und außerdem möchte er ausdrücken, weshalb Israel diese Prinzipien beachten soll. Aus diesem Grund sind die Gebote in einer grammatikalischen Form formuliert, die erst durch ihre Verwendung in den Zehn Geboten auch in den anderen biblischen Gesetzestexten charakteristisch wird. Es ist zwar nicht so, als ob Gott eine neue Grammatik einführt, aber fast.[3] Die grammatikalische Form, die er verwendet, nennt man *Prohibitiv*. Sie ist gar nicht so einfach zu übersetzen, sondern enthält verschiedene Aspekte. Was also ist so besonders daran?

▸ *Undenkbare Handlung*

Die Formulierung ist besonders, weil sie auch als Voraussage der Zukunft verstanden werden kann. Ähnlich wie man im Deutschen sagt: „Du wirst jetzt nicht rausgehen!" Damit ist keine Verheißung oder tatsächliche Voraussage der Zukunft gemeint, sondern es wird ausgedrückt, dass eine Handlung völlig unvorstellbar und undenkbar ist.[4] Und das ist sehr wichtig, um die Prinzipien des Dekalogs zu verstehen. Warum ist es denn undenkbar, einen anderen Gott neben Jahwe zu haben, seinen Namen zu Nichtigem zu verwenden, zu morden, zu stehlen, und so weiter? Eine naheliegende Antwort ist: Weil das Gottes Willen und seiner Autorität widersprechen würde. Eine andere, ebenso gültige Antwort wäre jedoch: Weil man das als Erlöster nicht mehr nötig hat. Das „Du wirst nicht" wird damit zu einem „Du brauchst nicht". Wer Gott gehört, braucht keine anderen

Götter, braucht sich nicht durch Diebstahl bereichern oder etwas von seinem Nächsten begehren, weil er unter der Herrschaft und Fürsorge des besten Herrn steht. Und schließlich wäre ein weiterer Grund dafür, dass es undenkbar ist, sich gegen Gottes Prinzipien zu stellen, dass es der Tatsache der eigenen Rettung widerspricht. Es ist undenkbar, weil dieser Gott Israel vor dem sicheren Tod gerettet, zu sich gebracht hat und eine innige und enge Beziehung zu ihnen eingegangen ist – und das völlig unverdient. Für jeden, der das verstanden hat, ist es anschließend undenkbar und völlig unvorstellbar, sich gegen diesen wunderbaren Gott zu vergehen! Jeder, der vor dem Tod gerettet wurde, ist seinem Retter dankbar. Und wer frisch verliebt geheiratet hat, wird nicht plötzlich fremdgehen. Die Illustration mit einer Liebesbeziehung ist kein Zufall, sondern ist hier direkt enthalten. Mit der besonderen Formulierung, die wörtlich heißt „Es soll dir kein anderer Gott neben mir sein" verwendet Gott eine Ausdrucksweise, die sonst nur in Liebesbeziehungen vorkommt.[5] Hier wird deutlich, warum die zehn Prinzipien mit einem Prolog beginnen: Die Prinzipien müssen als logische Folge aus dem folgen, was Gott für sein Volk getan hat, und aus dieser Motivation gehalten werden. Alles andere wäre undenkbar, wenn man die große Rettung wirklich verstanden hat, die man erlebt hat.

▸ *Logische Folge*

Man könnte die besondere „Du-sollst-nicht"-Formulierung daher auch mit „folglich wirst du nicht" oder „daher ist es undenkbar, dass du" wiedergeben.[6] Die hebräische Formulierung meint eine logische Fortsetzung dessen, was vorher beschrieben wurde: Gott hat Israel gerettet, daher ist es die logische und vernünftige Fortsetzung, ihm zu dienen. Es ist eine *logische Folge* einer großen Rettung, dem Retter zu dienen.[7] Was Israel tut, ist nicht dazu da, die Beziehung zu Gott herzustellen, zu verdienen oder zu initiieren. Sie ist bereits da, und zwar durch Gott als innige Ehe-Beziehung zu seinem Volk eingerichtet. Und als *Folge* soll Israel nun Gott dienen und sich von bestimmten Dingen fernhalten. Die besondere „Du-sollst-nicht"-Formulierung enthält gegenüber einer normalen Verbotsform also einen Hinweis auf die Motivation, aus der heraus die Prinzipien Gottes befolgt werden sollen.

Große Autorität

Die Formulierung ist außerdem deshalb besonders, weil sie eine besonders scharfe, nachdrückliche und von großer Autorität geprägte Formulierung ist. Was Gott sagt, ist kein Tipp, um das Leben angenehmer oder besser zu machen. Es ist eine Erwartung und Vorgabe von größtmöglicher Autorität. So wie Eltern ihrem Kind sagen: „Du wirst das nicht kaputt machen!", so hat auch Gott Erwartungen an und Vorgaben für sein Volk. Obwohl Gott in einer innigen Beziehung zu Israel steht, die mit einer Ehebeziehung verglichen wird, ist sie doch mehr als das. Die beiden Partner sind nämlich extrem ungleich. Menschen sind nicht auf derselben Ebene wie Gott. Sie sind in ihren Vorstellungen und ihrem Willen keine gleichberechtigten Partner. Der Schöpfer von Himmel und Erde und Retter des Volkes Israel steht weit über den Menschen und ist allein berechtigt, Prinzipien zu nennen, die eingehalten werden *müssen*. Einfach deshalb, weil er es in seiner Autorität sagt.

Allgemeingültigkeit

Ein letzter Unterschied zwischen der „Du-sollst-nicht"-Formulierung (Prohibitiv) und der gewöhnlichen Verbotsform (Vetitiv) ist, dass Erstere nicht nur eine einzelne Situation im Blick hat, sondern viel allgemeiner gilt. Die Verbote der zehn Prinzipien gelten für jeden Israeliten und für sehr verschiedene Lebenssituationen. Sie haben große Allgemeingültigkeit, weil ein absoluter Gott absolute und allgemeine Prinzipien erlassen kann. Natürlich sind sie in einer bestimmten Situation zu einem bestimmten Volk geredet und gelten damit nicht für jeden Menschen (z. B. was das Sabbatgebot betrifft). Aber dennoch enthalten sie Prinzipien, die bis heute gelten und Gottes Willen ausdrücken. Es handelt sich um sogenannte *apodiktische* Gesetze, die nicht nur einen Einzelfall regeln, sondern ein Prinzip ausdrücklich für alle formulieren. Auch das ist übrigens in den Gesetzen der damaligen Zeit absolut außergewöhnlich. Die Völker um

Israel herum formulieren ihre Gesetze anders, nämlich als Einzelfälle.[8] Sie können keine Allgemeingültigkeit beanspruchen, weil sie keinen absoluten, einzigen Gott haben, sondern viele rivalisierende Götter. Nur der wahre Gott, der Gott Israels, kann absolut und allgemeingültig vorgeben, was Wahrheit ist. Die Art der Formulierung unterstreicht also zugleich Gottes Absolutheitsanspruch.[9]

Es ist schon erstaunlich, dass niemand sonst im Alten Vorderen Orient auf die Idee gekommen ist, diese Formulierung zu gebrauchen. Es wäre anmaßend gewesen. Doch was für alle anderen Könige und Götter der Völker anmaßend ist, ist für den wahren Gott passend. Er allein kann allgemeingültig vorgeben, was er in der Bundesbeziehung mit seinem Volk will.[10]

Eine einzigartige Beziehung

Neben der grammatikalischen Besonderheit der „Du-sollst-nicht"-‑Formulierung gibt es eine zweite Besonderheit, die sich auf die angeredete Person bezieht. Sie ist in der zweiten Person Singular angesprochen („du"). Das klingt gewöhnlich, ist es aber nicht. Kein anderer Gesetzestext dieser Zeit verwendet eine „Du"-Anrede. Gesetzestexte sind damals (wie übrigens auch noch heute) in der dritten Person formuliert: „Wenn ein Bürger im Baumgarten eines anderen Bürgers einen Baum fällt, so muss er eine halbe Mine Silber bezahlen."[11] Die „Du"-Anrede kennt man damals nur in deutlich persönlicheren Kontexten, in denen eine feste Beziehung besteht. Das betrifft z. B. die weisheitliche Unterweisung eines Jüngeren oder Bundesbeziehungen zwischen Einzelpersonen. Damalige Bundesbeziehungen zwischen Völkern wurden nämlich streng genommen nicht zwischen zwei Völkern, sondern immer zwischen den Königen der Völker als Individuen und Repräsentanten geschlossen.[12] Daher ist die typische Vertragssprache der damaligen Zeit das „Du". Auch Gott spricht Israel auf der persönlichen Ebene an. Die Prinzipen sind keine abstrakten Vorgaben, sondern in eine Beziehung eingebettet. Ein persönlicher Gott, und kein unpersönliches „Es", spricht zu einem persönlichen und konkreten – ja, zu wem eigentlich?

Eine unglaubliche Würde

Wer ist eigentlich der „Du", der hier angesprochen wird? Ist es vielleicht das ganze Volk? Schließlich ist es möglich, dass Gott das ganze Volk wie eine Einheit ansprechen kann (kollektiver Singular; vgl. 2Mo 4,22). Dies wäre grammatikalisch zwar möglich, passt hier aber nicht, denn der hier Angesprochene ist ganz deutlich ein einzelner Israelit, und nicht das ganze Volk. Das wird aus Formulierungen deutlich wie z. B.: „Du und dein Sohn und deine Tochter, dein Knecht und deine Magd …" (V. 10).

Stell dir vor, du wärst ein Israelit am Fuße des Berges. Gott spricht vom Himmel öffentlich und richtet sich an das ganze Volk, spricht aber dennoch persönlich jeden einzelnen Israeliten an! Er redet nicht nur zum Nachbarn links oder rechts, auch nicht abstrakt zum Volk, sondern er meint den Einzelnen – DICH! Was er sagt, sollst DU tun – und zwar unabhängig davon, ob es dein linker oder rechter Nachbar auch tut. Gott hat nicht nur eine Beziehung zum ganzen Volk, sondern zu jedem einzelnen Israeliten. Das ist völlig einzigartig in der damaligen Zeit. In keinem anderen Bundesvertrag wird der Einzelne eines Volkes so hervorgehoben. Kein König der damaligen Zeit würde sich herablassen, viele Einzelpersonen im Vertrag anzureden, sondern er wendet sich nur an einen anderen König. Gott verleiht damit den Israeliten eine unglaubliche Würde. Er behandelt sie wie kleine Könige – ja, man könnte fast auf die Idee kommen, dass das ganze Volk ein kollektives Königtum ist. Doch ist es nicht genau das, was Gott vorher gesagt hat? Hat Gott nicht in der Ankündigung des Bundes in 2. Mose 19,6 davon gesprochen, dass Israel ein Königtum von Priestern sein soll? Israel ist eine Nation, in der alle die Stellung von Königen und Priestern innehaben! In der Anrede wird deutlich, dass diese Beziehung zu Gott dem Menschen eine unglaubliche Würde verleiht – eine Würde, die es ohne Gott sonst nirgendwo in dieser Welt gibt. Aber erst *in* der Beziehung zu Gott erfährt der Mensch diese Würde.

Jeder ist gemeint

In der Anrede ist also jeder Israelit gemeint: der Mann, die Frau, der Sohn, die Tochter, der Knecht, die Magd, und so weiter. Dass die Anrede sich nicht nur auf den Einzelnen bezieht, wird aus dem Verständnis und der Funktion damaliger Gesetzestexte ersichtlich. Sie sind immer beispielhaft und musterhaft gemeint. Sie nennen Prinzipien durch Formulierungen, die auf andere Fälle übertragen werden sollen. Für jeden Menschen der damaligen Zeit war klar, dass das Gesetz – „Du sollst nicht begehren deines Nächsten Frau" – genauso die Frauen anspricht und für sie bedeutet: Du sollst nicht begehren deines Nächsten Mann. Es ist also jeder Israelit gemeint. Wie gigantisch ist das! Gott spricht vom Himmel her, und er spricht den Einzelnen an, ausgedrückt durch das DU. Und dabei hat er eine wichtige Botschaft … – man darf gespannt sein (oder einfach zum nächsten Kapitel blättern)!

Anmerkungen

1 Leider sind die Bezeichnungen unterschiedlicher Arten von Verboten in den Grammatiken zum biblischen Hebräisch nicht ganz eindeutig, beispielsweise benennen J. P. Lettinga und H. von Siebenthal, *Grammatik des Biblischen Hebräisch* (Gießen: Brunnen, 2016[2]), S. 318, die Bezeichnungen „Prohibitiv" und „Vetitiv" genau entgegengesetzt. Ich folge aber der verbreiteteren Benennung. Für die Fachleute: „Vetitiv" meint hier ein mit *al* verneinten Jussiv, „Prohibitiv" ein mit *lo* verneintes Imperfekt.

2 Siehe zu diesem Unterschied von Prohibitiv und Vetitiv: P. Joüon und T. Muraoka, *A Grammar of Biblical Hebrew* (Rom: Pontificio Istituto, 2003), II, S. 371; T. Arnold, „Gesetzestexte im Alten Vorderen Orient und im Alten Testament", *Zur Umwelt des Alten Testaments* (hg. H. Pehlke; Holzgerlingen: Hänssler, 2002), S. 114–153, hier S. 117–118 sowie (trotz der umgekehrten Benennung) J. P. Lettinga und H. von Siebenthal, *Grammatik des Biblischen Hebräisch* (Gießen: Brunnen, 2016[2]), S. 318.

3 Es fehlt hier der Platz, um auf die unterschiedlichen Positionen zur Bewertung der Verneinung im Dekalog einzugehen. Obwohl es den Prohibitiv schon vor dem Dekalog als gewöhnliche Form der Verneinung gab und er auch nicht auf Gesetzestexte beschränkt ist, zeigt sich doch deutlich, dass die im Dekalog verwendete Form vor dem Dekalog einerseits *keine* typische Verneinung in

Gesetzestexten ist, aber *aufgrund des Dekalogs* zu einer für Rechtstexte in Israel charakteristischen Verneinung geworden ist, vgl. dazu K. E. Kongou, *Der Dekalog, Grundlage der Verbote der Torah? Ein Vergleich zwischen dem Dekalog und den anderen Verboten der Torah* (Regensburg: Universität Regensburg, 2016), S. 254–255.

4 Siehe zum Hebräischen K. E. Kongou, *Der Dekalog, Grundlage der Verbote der Torah? Ein Vergleich zwischen dem Dekalog und den anderen Verboten der Torah* (Regensburg: Universität Regensburg, 2016), S. 196–197.

5 Siehe dazu das nächste Kapitel zum ersten Gebot.

6 C. Dohmen, *Exodus 19–40* (Herders Theologischer Kommentar zum Alten Testament; Freiburg: Herder, 2012[2]), S. 86.

7 Eine ähnliche Formulierung gebraucht übrigens auch Paulus in Röm 12,1: „Ich ermahne euch nun, Brüder, durch die Erbarmungen Gottes, eure Leiber darzustellen als ein lebendiges, heiliges, Gott wohlgefälliges Opfer, was euer vernünftiger (griech. *logikos* = logisch, vernünftig) Gottesdienst ist." Mit „Erbarmungen Gottes" bezieht sich Paulus auf die große Rettung im Heilsplan Gottes, die er in Röm 1–11 beschrieben hat.

8 T. Arnold, „Gesetzestexte im Alten Vorderen Orient und im Alten Testament", *Zur Umwelt des Alten Testaments* (hg. H. Pehlke; Holzgerlingen: Hänssler, 2002), S. 114–153, hier S. 133. Wo es doch apodiktische Formulierungen gibt, gehören diese zu Bündnissen oder weisheitlicher Literatur, vgl. D. N. Freedman, G. A. Herion, D. F. Graf, J. D. Pleins und A. B. Beck, Hg., *The Anchor Bible Dictionary: Volumes I-VI* (New York: Doubleday, 1992), IV, S. 245.

9 Sehr illustrativ hat das der Ägyptologe J. Assmann, *Exodus: Die Revolution der Alten Welt* (München: C.H. Beck, 2019), S. 253–254, herausgearbeitet.

10 Vgl. zu den Unterschieden zu Gesetzestexten anderer Völker: J. H. Walton, *Ancient Near Eastern Thought and the Old Testament: Introducing the Conceptual World of the Hebrew Bible* (Grand Rapids: Baker Academic, 2006), S. 295–298.

11 Freie Wiedergabe eines Gesetzes aus dem Codex Hamurabi (§59), vgl. W. Eilers, *Codes Hammurabi. Die Gesetzesstele Hammurabis in der Übersetzung von Wilhelm Eilers* (Wiesbaden: Marix, 2009), S. 44.

12 Vgl. hierzu und zum Folgenden: J. Berman, *Created Equal: How the Bible broke with Ancient Political Thought* (New York: Oxford University, 2008), S. 40–41.

DAS ERSTE GEBOT: GOTT ALLEIN IM ZENTRUM (2MO 20,3)

Du sollst keine anderen Götter haben neben mir.

Schon wieder: Alles beginnt mit Gott

Es könnte fast schon langweilig werden, wenn es nicht so wichtig wäre. Begann nicht schon im Prolog (V. 2) alles mit Gott, seinem Wesen und seinem Tun? Und nun beginnt das erste Gebot erneut damit, dass Gott allein im Zentrum steht? Ja, denn genau darauf kommt es an! Es kann gar nicht überbetont werden, dass alles mit Gott anfangen muss. Doch im Gegensatz zum Prolog geht es jetzt darum, was dies für den Menschen bedeutet. Nicht nur die Erlösung beginnt mit Gott (V. 2), sondern auch bei allem, was ein Mensch in der Beziehung zu Gott tut, muss Gott Anfang und Mittelpunkt sein (V. 3). Das erste Gebot beginnt daher mit der Beziehung zu Gott, aus der heraus alle anderen Gebote erst folgen können. Wenn diese Beziehung nicht stimmt, wird auch der Rest scheitern.

Das erste Gebot macht zunächst deutlich, dass Gott absolut konkurrenzlos sein muss. Es darf keine anderen Götter in seiner Gegenwart oder in Konkurrenz zu ihm geben. Interessant ist hier, dass das erste Gebot nicht lautet: Jahwe soll dein Gott sein. Das wird nämlich schon vorausgesetzt (V. 2). Erst auf der Grundlage einer bereits bestehenden Beziehung zu Gott kann und muss geklärt werden, welchen Stellenwert Gott in der gesamten Lebensausrichtung hat. Es geht also um die konkreten Auswirkungen einer Erlösung, die aus dem sicheren Tod errettet und freikauft.

Das Wichtigste und Höchste im Leben sind in der Geschichte der Menschheit wohl ihre Götter. Wer diesen Platz einnimmt, bestimmt über alles. Und gerade hier setzt das erste Gebot an. Es darf in der Beziehung zu Gott keinen gleichwertigen Einfluss geben, der in Konkurrenz zu Gott steht.

Ein umfassender Anspruch

Es gibt im Alten Testament viele Gebote, die vor Götzendienst in allen seinen Formen warnen. Auch in der Wiederholung des Gesetzes in 5. Mose warnt Mose davor, anderen Göttern „nachzulaufen" (5Mo 6,14), ihnen zu „dienen" (5Mo 7,4), sich vor ihnen „niederzuwerfen" (5Mo 8,19), sich ihnen „zuzuwenden" (5Mo 31,18) oder in ihrem Namen zu „reden" (5Mo 18,20).[1] Jeder dieser Begriffe meint nicht bloß eine äußere Handlung, sondern auch die innere Einstellung, mit der man sich auf andere Götter verlässt, ihnen Treue oder Ergebenheit zeigt oder sich ihnen zuwendet. Die große Anzahl verschiedener Verbote zeigt, dass es sehr viele Formen gibt, sich auf andere Götter einzulassen. Welche davon ist im ersten Gebot des Dekalogs gemeint? Die Antwort ist verblüffend einfach: *Alle zusammen!* Das erste Gebot spricht nicht von einer konkreten Form des Götzendienstes (etwa „nachlaufen", „anbeten" oder „dienen"), sondern allgemein vom „sein". Wörtlich heißt es: Es sollen dir keine anderen Götter sein vor meinem Angesicht. Diese Formulierung meint zunächst einfach: „Du sollst keine anderen Götter haben" – und zwar im allgemeinsten Sinn. Andere Götter sollen im Leben von jemandem, den Gott erlöst hat, gar keine Existenzberechtigung haben – eben nicht in einer wie auch immer gearteten Beziehung zu ihm *sein.* Sie haben im Leben eines Erlösten keinerlei Daseinsberechtigung. Wo es keine anderen Götter gibt, kann man ihnen auch nicht nachfolgen, dienen, nachlaufen oder sie anbeten. Das Gebot setzt also viel früher an, nämlich dort, wo andere Götter überhaupt einen Platz im Leben des Erlösten fordern. Es steht also als ein grundsätzliches Gebot über allen weiteren Geboten zum Thema Götzendienst und stellt einen umfassenden Anspruch Gottes dar.

Ein Gott in einer eigenen Liga

Das Gebot wird durch einen weiteren Zusatz noch näher bestimmt: „Du sollst keine anderen Götter haben *neben mir*". Die letzten beiden Worte sind gar nicht so leicht zu übersetzen. Sie lauten wörtlich „vor/gegenüber meinem Angesicht" und meinen die direkte Gegenwart Gottes.[2] In seiner direkten Gegenwart kann keine andere Gottheit bestehen. Gott hat sich im Prolog (V. 2) bereits als „Ich bin Jahwe, dein Gott" vorgestellt. Schon der Name Jahwe macht deutlich, dass Gott in einer Klasse für sich ist. Es gibt kein Wesen im Universum, das gleichwertig neben oder vor Gott bestehen oder in seiner machtvollen Gegenwart seinen Platz behaupten könnte. Gott spielt in seiner eigenen Liga. Das „Angesicht" Gottes, das hier erwähnt wird, steht für seine machtvolle und heilige Gegenwart. In dem Moment, in dem die Worte gesagt werden, steht das Volk Israel zitternd vor dem Berg und erlebt die Flammen, den rauchenden Berg, den lauten Schall der Worte Gottes und meint, im nächsten Moment zu sterben (2Mo 20,19). So intensiv ist das Erlebnis, sich Gott auf Hörweite zu nähern! Seine Gegenwart ist so überwältigend, dass es niemand mit ihm aufnehmen oder in Konkurrenz mit ihm treten könnte. Kein anderer Gott hat also eine Berechtigung, auch nur in dieser Gegenwart zu „sein".

Eine überwältigende Gegenwart

Erstaunlich ist aber, dass zwar kein anderer Gott in Gottes Gegenwart sein soll, dass aber Israel sehr wohl in Gottes Gegenwart steht. Anders würde das Gebot auch gar keinen Sinn ergeben: Erst wenn Israel in Gottes Gegenwart steht und vor seinem Angesicht lebt, kann der Götzendienst Israels einen anderen Gott in die Gegenwart

Gottes bringen. Was hier zum Vorschein kommt, ist eine äußerst schöne Tatsache: Die Erlösten haben einen Platz in der Gegenwart Gottes und vor seinem Angesicht! Es geht Gott darum, sein Volk in seine Gemeinschaft und zu sich zu bringen. Gerade *weil* diese Gegenwart so besonders, so erstaunlich, heilig und unvergleichlich ist, darf in diese intime Nähe kein Konkurrent eindringen. Durch die Erlösung ist eine äußerst enge Gemeinschaft zwischen Gott und seinem Volk entstanden, die einzigartig ist. Während sich Adam nach seiner Sünde vor dem „Angesicht" Gottes versteckt (1Mo 3,8), macht Gott durch die Erlösung Israels aus Ägypten deutlich, dass nur er durch einen Freikauf aus reiner Gnade einen Weg zurück in seine Gegenwart - sein „Angesicht" (2Mo 20,3) - eröffnen kann. Natürlich ist auch das, was Israel vor dem Berg erlebt, noch nicht die furchtlose, innige Gemeinschaft, die Adam einmal im Paradies mit Gott hatte - das zeigt der weitere Verlauf der Geschichte sehr deutlich (2Mo 20,18-21 und 2Mo 32–33). Doch die Erlösung aus Ägypten vermittelt einen Eindruck davon, wie Gottes endgültige Erlösung in Jesus Christus einmal aussehen wird und wozu sie dienen wird: Sie bringt Menschen zurück in Gottes heilige Gegenwart. Und gerade weil diese Gegenwart so besonders ist, kann und darf es dort keine Konkurrenz geben.

Doch warum genau? Was macht diese Gegenwart so besonders? Ein naheliegender Grund ist, dass Gottes Gegenwart besonders heilig ist - das machen jedenfalls die furchteinflößende Erscheinung Gottes auf dem Berg, die vorhergehende Reinigung (2Mo 19,14-15) und der eingehaltene Sicherheitsabstand (2Mo 19,12-13.24) deutlich. Doch es gibt noch einen anderen Grund, der in der Formulierung des ersten Gebotes versteckt ist: Von der Sprache her ist sie Ausdruck einer Liebesbeziehung.

Eine Liebesbeziehung

Man würde nicht erwarten, zu Beginn der Zehn Gebote die Sprache einer Liebesbeziehung zu sehen. Und doch ist genau das der Fall: Das erste Gebot enthält nämlich gleich drei Formulierungen, die in anderen Kontexten Teil der Liebessprache sind. Die erste davon ist eine Formulierung, die wörtlich heißt: „nicht sollen dir sein andere …", und die in anderen Kontexten an eine intime Liebesbeziehung erinnert. Obwohl die Wortwahl „dir sein" die typische Formulierung ist, die im Hebräischen einfach „du hast" meinen kann, hat sie noch einen anderen Klang. Es ist nämlich die Formulierung, die für eine Liebesbeziehung verwendet wird, in der ein Mann und eine Frau gegenseitig aufeinander bezogen sind. Sie wird auch in 5. Mose 24,2-4; Richter 14,20; 2. Samuel 12,10 oder Rut 1,13 verwendet.[3] Dabei meint „dir sein" ein „Sein" in einer von Liebe und Treue geprägten Beziehung in Ausrichtung und Zugehörigkeit zu jemand anderem. Diese Sprache wird auch für das Verhältnis von Gott zu Israel verwendet (z. B. in 1Mo 17,7; 2Mo 19,4-6), wobei die Beziehung anhand des Bundes Gottes mit seinem Volk mit der einer Ehe verglichen wird.[4] So spricht Gott in bildlicher Weise über Israel als seine Frau in Hosea 3,3: „Und ich sagte zu ihr: Viele Tage sollst du bei mir bleiben, du sollst nicht huren und keinem Mann gehören (wörtlich: keinem Mann sein – die gleiche Konstruktion wie im ersten Gebot); und auch ich verhalte mich dir gegenüber so." Der Bund am Sinai wird auf diese Weise mit dem Beginn einer Ehe zwischen Gott und Israel verglichen. Es verwundert also nicht, dass Israel keinem anderen Mann gehören darf.

Auf die Ehebeziehung deuten noch zwei weitere Formulierungen im ersten Gebot hin: Die Formulierung „anderer" drückt die Konkurrenz und Gefährdung einer Ehebeziehung aus. Vor allem in der Kombination „einem anderen sein" bezeichnet sie an mehreren Stellen markant den Ehebruch (5Mo 24,2-3; Jer 3,1). Und schließlich weisen auch die letzten Worte des ersten Gebotes – „vor meinen Angesicht" – an anderen Stellen auf eine enge, familiäre Beziehung hin.[5] Das erste Gebot betont also, dass eine Zugehörigigkeit zu anderen Göttern geistlicher Ehebruch gegenüber Gott wäre und völlig undenkbar ist, und zwar einfach deshalb, weil Gott eine enge Treue- und Liebesbeziehung zu den vom ihm erlösten Menschen eingegangen ist. Nimmt man das, was oben über die „Du sollst"-Formulierung gesagt wurde, hinzu, könnte man den Beginn der Zehn Gebote im Hinblick auf die Liebessprache folgendermaßen (frei) paraphrasieren: Ich bin

Jahwe (der ultimative, zugewandte Rettergott), der in engster Beziehung zu dir dein Gott ist, der ich dich (ja, ich meine DICH) aus der Knechtschaft vor dem sicheren Tod erlöst habe. Daher ist es undenkbar, wenn es in deinem Leben einen anderen gibt, der in die intime Nähe vor meiner unvergleichlichen Gegenwart eindringt.

Wenn man sieht, dass der Dekalog auch diesen Aspekt enthält, kann man einfach nur noch fasziniert sein. Die Zehn Gebote sind durchwoben und gegründet auf eine enge Beziehung zwischen Gott und seinen Erlösten. Wie jede andere intime Liebesbeziehung kann sie nicht ohne Treue und Schutz existieren. Und gerade damit diese Beziehung intensiv, intim und von Treue geprägt sein kann, darf es keine Konkurrenz zu Gott geben. Interessanterweise kann die Formulierung „vor dem Angesicht" auch „zu Lebzeiten" meinen (z. B. in 1Mo 11,28). Wie lange lebt denn eigentlich Gott? Natürlich ewig – er ist schließlich Urheber und Ziel allen Lebens, ja, das Leben in Person! Das Gebot weist also schon darauf voraus, dass eine enge Beziehung zu Gott in letzter Konsequenz auch eine ewige Beziehung sein muss. Die Liebes- und Treuebeziehung, die Gott sich mit seinen Erlösten wünscht, ist also nicht irgendwann beendet, sondern eine unbedingte, unkündbare und nie endende Beziehung. Gerade weil sie in ihrer Qualität und Dauer über jede andere Beziehung hinausgeht, ist sie so konkurrenzlos.

Völlig konkurrenzlos

Es geht beim ersten Gebot also weniger darum, dass Gott den *ersten* Platz im Leben der Erlösten hat. Es geht hier nicht um eine Rangfolge, bei der alles andere ebenso eine Berechtigung hat, eben nur weiter unten in der Prioritätenliste. Es geht im ersten Gebot darum, dass Gott einen *Ausschließlichkeitsanspruch* hat, und zwar in Bezug auf seine heilige Gegenwart und die Beziehung zu ihm. Man könnte fragen: Aber haben nicht auch andere Menschen oder Besitz einen Platz im täglichen Leben des Erlösten? Schließlich regeln die weiteren Gebote auch den Umgang mit dem Mitmenschen oder mit materiellen Werten. Sicher, auch diese haben einen Stellenwert in einem

Leben, das in der Beziehung zu Gott geführt wird. Doch der entscheidende Zusatz im ersten Gebot lautet „vor meinem Angesicht“. Auf der Ebene der göttlichen Herrlichkeit, seiner heiligen Gegenwart und persönlichen Präsenz - eben in dem, was Gott einzigartig und unvergleichlich macht - darf es keine Konkurrenz geben. Kein Mensch und auch kein Besitz darf auf die Ebene kommen, die Gott allein gebührt. Nichts anderes darf zur Konkurrenz Gottes werden, wenn es um die Liebes- und Treuebeziehung zu ihm geht. Im Gegenteil: Alle anderen Beziehungen zu Menschen und der Umgang mit Besitz bekommen erst dann ihren Platz, wenn die Beziehung zu Gott geklärt ist.

Diese Konkurrenzlosigkeit ist heute wie damals außergewöhnlich.[6] Die Israeliten kamen gerade aus Ägypten und damit aus einer Gesellschaft, die fast schon süchtig nach Göttern war.[7] Die Ägypter verehrten eine unüberschaubare Anzahl verschiedener Götter für alle möglichen Lebensbereiche.[8] Die Verehrung und Treue konkurrenzlos auf einen einzigen Gott zu beschränken, war in dieser Zeit absolut außergewöhnlich. Das gilt nicht nur für Ägypten, sondern ist auch im gesamten Alten Vorderen Orient Fakt. Eine solche Alleinverehrung eines einzigen Gottes, wie sie im ersten Gebot vorkommt, gibt es nur in Israel. Wie konnte in Israel das selbstverständlich sein, was in anderen Völkern außergewöhnlich war? Die Lösung ist einfach: Menschlich ist das kaum erklärbar. Ein lebendiger, absoluter, heiliger und einzigartiger Gott selbst hat sich Israel offenbart! Und diese Offenbarung war so fundamental, dass sich von hier aus der Monotheismus bis heute zur dominanten Glaubensrichtung auf unserem Globus entwickelt hat. Das ist eine direkte Folge dessen, was in 2. Mose 20 am Sinai geschah.[9]

Völlig ausreichend

Ein Israelit, der in der ägyptischen Götterwelt zu Hause war, in der für jeden Lebensbereich ein anderer Spezialgott mit besonderen Fähigkeiten zur Verfügung stand, konnte sich beim ersten Gebot allerdings verwundert fragen: Wie ist es denn möglich, nur zu einem einzigen Gott eine Beziehung zu haben? Kann denn wirklich ein einziger Gott alle Lebensbereiche gleich gut abdecken? Ist nicht doch für manche Lebensbereiche ein Spezialgott besser, der sozusagen Spezialist auf seinem Gebiet ist? Vor diesem Hintergrund ist das erste Gebot umso erstaunlicher, weil es etwas über die Natur Gottes aussagt: Gott ist völlig ausreichend in allen Lebensbereichen! Jahwe selbst ist der größte Spezialist auf dem Gebiet der Macht, der Medizin, der Juristik, der Wissenschaft, der Angst, der Liebe – auf allen Gebieten! Es gibt niemanden, der kompetenter, umfassender, tiefer und größer wäre als er – egal welches Gebiet man herausgreift. Israel braucht nur einen Gott, weil dieser völlig ausreicht! Mehr noch: Gott will seinem Volk nicht schaden, indem er ihnen eine Beziehung zu anderen Göttern verbietet, sondern er will es schützen. Er weiß, dass die Beziehung zu einem anderen Hilfsmittel, einem Ritual oder einer Gewohnheit, auf die sich ein Mensch verlässt und stützt, letztlich in Enttäuschung, Versklavung, Verarmung und Ruin endet. Um seinem Volk das Beste zu geben, muss er sich selbst geben – und zwar nur sich.

So beginnt und endet das erste Gebot gedanklich damit, dass Gott allein im Zentrum steht. Es beginnt mit der Beziehung, die für alles andere grundlegend ist: der persönlichen Beziehung zum einzigartigen und konkurrenzlosen Gott. Erst aus dieser Beziehung der Liebe und Treue heraus kann das zweite Gebot folgen … – man darf gespannt sein, wie das geschieht (oder einfach weiterlesen)!

Anmerkungen

1 Eine Übersicht über diese verschiedenen Ausdrücke mit noch mehr Belegstellen gibt T. D. Alexander, *Exodus* (Apollos Old Testament Commentary; London: Apollos, 2017), S. 400.

2 Diese wörtliche Übersetzung haben auch M. Weinfeld, *Deuteronomy 1–11: A New Translation with Introduction and Commentary* (Anchor Yale Bible; New Haven: Yale University Press, 2008), S. 275–277; T. D. Alexander, *Exodus* (Apollos Old Testament Commentary; London: Apollos, 2017), S. 387–388; C. Dohmen, *Exodus 19–40* (Herders Theologischer Kommentar zum Alten Testament; Freiburg: Herder, 2012[2]), S. 106.

3 Siehe dazu N. M. Sarna, *Exodus* (The JPS Torah Commentary; Philadelphia: Jewish Publication Society, 1991), S. 110; C. Dohmen, *Exodus 19–40* (Herders Theologischer Kommentar zum Alten Testament; Freiburg: Herder, 2012²), S. 106.

4 Die im Hebräischen gewählte Formulierung ist nichts anderes als die sogenannte „Bundesformel", die uns bereits im Prolog (2Mo 20,2) begegnet ist. Vor diesem Hintergrund ist leicht verständlich, weshalb die Bundesformel sozusagen für die Ehe-, Liebes- und Treuebeziehung von Gott zu Israel steht.

5 Siehe dazu B. Jacob, *Das Buch Exodus* (Stuttgart: Calwer, 1997), S. 555.

6 T. D. Alexander, *Exodus* (Apollos Old Testament Commentary; London: Apollos, 2017), S. 401.

7 So pointiert E. Carpenter, *Exodus* (Evangelical Exegetical Commentary; Bellingham: Lexham Press, 2012), II, S. 39.

8 Vgl. J. D. Currid, *A Study Commentary on Exodus: Exodus 19–40* (EP Study Commentary; Darlington: Evangelical Press, 2001), S. 36.

9 Es ist interessant, die Geschichte des Monotheismus zu verfolgen. Während man im 19. Jh. noch dachte, dass sich der Glaube an einen Gott evolutiv aus dem Polytheismus (der Glaube an viele Götter) entwickelt habe, ist das in der heutigen Forschung infrage gestellt – siehe dazu K. A. Kitchen, *Das Alte Testament und der Vordere Orient: Zur historischen Zuverlässigkeit biblischer Geschichte* (Gießen: Brunnen, 2012²), S. 514. Nachweislich ist der Monotheismus schon sehr alt, was auch zu erwarten ist, wenn die Menschen noch lange Zeit wussten, dass die Welt von einem einzigen Gott erschaffen wurde. Es liegt daher näher zu glauben, dass dieses Wissen mit der Zeit vom Polytheismus überlagert wurde, der zur Zeit des Auszugs aus Ägypten zweifellos dominant war. Umso erstaunlicher ist dann aber, dass ausgehend von den Ereignissen am Sinai und der Gabe des Dekalogs der Monotheismus in Israel einen festen Brückenkopf bildete, auf den alle drei monotheistischen heutigen Religionen (Christentum, Judentum, Islam) historisch zurückgehen. Der Auszug aus Ägypten und die Zehn Gebote sind also der entscheidende Faktor zum Siegeszug des Monotheismus, wie der Ägyptologe J. Assmann, *Exodus: Die Revolution der Alten Welt* (München: C.H. Beck, 2019) in seinem Buch entfaltet. Dass der Monotheismus heute sogar die deutliche Mehrheit unter den Religionen ausmacht, ist also eine erstaunliche Folge der Offenbarung Gottes am Sinai und des ersten Gebotes! Vgl. dazu auch E. Carpenter, *Exodus* (Evangelical Exegetical Commentary; Bellingham: Lexham Press, 2012), I, 167 und II, S. 39.

DAS ZWEITE GEBOT: DEN SCHÖPFER NICHT AUF DAS GESCHÖPF REDUZIEREN (2MO 20,4-6)

Du sollst dir kein Götterbild machen, auch keinerlei Abbild dessen, was oben im Himmel oder was unten auf der Erde oder was im Wasser unter der Erde ist. Du sollst dich vor ihnen nicht niederwerfen und ihnen nicht dienen. Denn ich, Jahwe, dein Gott, bin ein leidenschaftlicher Gott, der die Schuld der Väter heimsucht an den Kindern, an der dritten und vierten Generation von denen, die mich hassen, der aber Gnade erweist an Tausenden von Generationen von denen, die mich lieben und meine Gebote halten.

Vom Sein zum Tun

Schon im Prolog (2Mo 20,2) hat sich Gott auf zwei Arten vorgestellt, nämlich einerseits über das Sein („Ich *bin* der Herr, dein Gott") und andererseits über sein Tun („der ich dich aus Ägypten *herausgeführt habe*"). Es ist interessant, dass die ersten beiden Gebote die Reaktion der Erlösten nun ebenfalls in doppelter Weise erwarten. Im ersten

Gebot (2Mo 20,3) wurde über das Verbot, andere Götter in den Blick zu nehmen, die richtige Beziehung zu Gott vorgestellt, und zwar durch den Begriff des *Seins* („nicht sollen dir *sein* andere Götter"). Würde man das, was durch das Gebot geschützt werden soll, positiv formulieren, würde es heißen: „Jahwe soll dir der einzige Gott *sein*". Im zweiten Gebot geht es nun darum, was die Erlösten für Gott *tun* bzw. in ihrer Beziehung zu ihm nicht tun sollen.[1] Diese Reihenfolge ist wichtig: Erst aus dem richtigen Verhältnis zu Gott kann ein ihm wohlgefälliges Tun hervorkommen.

Was man nicht tun sollte

Das zweite Gebot beginnt wörtlich mit „Du sollst nicht tun/machen …". Hier geht es um eine ganz bestimmte Form des menschlichen Tuns, nämlich um die handwerkliche Herstellung eines Götterbildes. Diese konkrete Zuspitzung, auf die der hebräische Text hinweist, ist wichtig. Ein häufiges Missverständnis dieses Gebotes ist von der Formulierung „Du sollst dir kein Bildnis machen" geprägt, die sich immer noch in manchen Bibelübersetzungen findet.[2] Weit verbreitet ist daher die Vorstellung, dass damit jede Form der künstlerischen Darstellung irdischer oder sogar himmlischer Wesen verboten würde. Das ist nicht der Fall, wie man schon daran erkennen kann, dass Mose eine bronzene Schlange bildete (4Mo 21,8-9), dass auf dem Vorhang der Stiftshütte oder auf dem Deckel der Bundeslade Cherubim abgebildet waren (2Mo 25,18-20; 26,31) oder dass im Tempel Salomos Nachbildungen von Früchten und Cherubim zu sehen waren (1Kö 6,25-35). Stärker aber noch wiegt der Wortlaut des zweiten Gebotes selbst. Das hebräische Wort *päsäl* (Götterbild) hat ein sehr enges Bedeutungsspektrum und bezieht sich auf ein Bildnis, das die folgenden Bedingungen erfüllt: Es ist (a) ein dreidimensionales Bild, das (b) eine Gottheit darstellt und (c) aus Holz geschnitzt oder aus Metall gegossen wurde.[3] Das zweite Gebot formuliert daher kein generelles Verbot von bildender Kunst, sondern ist auf eine falsche Verehrung Gottes bezogen und eng mit dem ersten Gebot verwandt. Es schützt die Einzigartigkeit Gottes, indem es verbietet, den Schöpfer auf das Geschöpf zu reduzieren.

Den Schöpfer nicht auf das Geschöpf reduzieren

Im zweiten Gebot werden die drei Bereiche genannt, die bereits in der Schöpfung und an anderen Stellen des AT zur Untergliederung der gesamten Schöpfung verwendet werden. Gott geht bei der Schöpfung sehr strukturiert vor und gliedert sie in zwei Gruppen von jeweils drei Tagen, die jeweils wiederum in die Abschnitte „Himmel", „Erde" und „Wasser" gegliedert sind:

> Schöpfungstage 1 bis 3: Gott schafft Himmel, Erde und Wasser (1Mo 1,1-12)
>
> Schöpfungstage 4 bis 6: Gott schafft Himmelskörper, Erdbewohner und Wasserbewohner (1Mo 1,14-31)

Auch als Gott dem Menschen den Auftrag gibt, über die Schöpfung zu herrschen, nennt er diese drei Bereiche: „Herrscht über die Fische des *Meeres* und über die Vögel des *Himmels* und über alle die Tiere, die sich auf der *Erde* regen!" (1Mo 1,28; ebenso 1,26). Diese drei Bereiche, die im zweiten Gebot genannt werden, stehen also für die Gesamtheit der Schöpfung:

(1) Der Bereich „oben im Himmel" (2Mo 20,4) umfasst die Himmelskörper, die im Alten Vorderen Orient meist als Götter verehrt wurden. Es liegt nahe, Sonne, Mond oder Sterne als so viel größer, höher und erhabener als die Menschen anzusehen, dass der Mensch in ihnen schon früh Götter und Himmelswesen gesehen hat.[4] Es ist nicht falsch, sich der menschlichen Niedrigkeit durch einen Blick in den nächtlichen Sternenhimmel bewusst zu werden. Im Gegenteil, das zweite Gebot macht den himmlischen Bereich nicht klein, sondern Gott einfach noch größer. Die Sterne und die Himmelskörper sind gewaltig (das kann man bei dem heutigen Wissen der Astrophysik noch viel deutlicher sehen, als es den Israeliten damals bewusst war) – doch Gott steht noch weit darüber! Gott ist der Schöpfer des Universums, und es wäre sogar ein Fehler, die unendlichen Weiten und Tiefen des Universums erstaunlicher zu finden als den, der sie erschuf.

(2) Der Bereich „unten auf der Erde“ (2Mo 20,4) umfasst das gesamte Leben auf der Erde mit allen Pflanzen, Tieren, Menschen oder materiellen Dingen. Da sie dem Menschen ständig vor Augen sind, neigt dieser leicht dazu, das Geschöpf mit dem Schöpfer zu verwechseln. Doch wenn das Geschöpf verehrt wird, hat man den Schöpfer gering geachtet.

(3) Der Bereich „in den Wassern unter der Erde“ (2Mo 20,4) umfasst den Wasserbereich der Seen, Meere und Ozeane. Der Zusatz „unter der Erde“ macht deutlich, dass die Tiefe als etwas gesehen wird, das dem Menschen genauso unzugänglich ist wie die Höhe des Himmels. Während die Höhe des Himmels häufig für die Götterwelt steht, wird der Bereich „unter der Erde“ im Alten Vorderen Orient häufig als Bereich der Totenwelt angesehen.

Zusammen sind diese die drei Bereiche, die die Größe und Unzugänglichkeit der Schöpfung ausdrücken. Der Mensch hat nur über den Bereich der Erde einigermaßen die Kontrolle. Die Luft und die Tiefsee entziehen sich ihm, in beiden kann er sich ohne Hilfsmittel nicht bewegen.[5] Es liegt daher nahe, dass sich der Mensch gerade in den Bereichen, die ihm unzugänglich sind, nach Göttern umsieht, die größer und mächtiger sind als der Mensch. Und genau deshalb warnt Gott sein Volk davor, angesichts der Größe der Schöpfung nicht den Fehler zu machen, die Schöpfung über Gott zu stellen. Das kann auf zwei unterschiedliche Arten geschehen, die beide ein gravierender Fehler im Umgang mit Gott wären:

Fehler 1: Einen anderen Gott durch ein Abbild anbeten

Der erste Fehler besteht darin, einen anderen Gott durch ein Bildnis zu verehren. Streng genommen wurde das bereits im ersten Gebot ausgeschlossen. Das zweite Gebot fasst das Verbot von Götzendienst jedoch konkreter, indem es bereits die Vorstufe zu Götzendienst verbietet, nämlich die *Herstellung* („machen“) eines Götterbildes zu dem Zweck, sich vor ihm „niederzuwerfen“ und ihm „zu dienen“. Während das erste Gebot allein die Existenz von anderen Göttern vor der direkten

Gegenwart und in der Beziehung zu Gott ausschließt, beschreibt das zweite Gebot die möglichen Götter konkreter. Menschen brauchen Konkretes. Sie haben gerne Dinge in der Hand, die sie anfassen, betasten und begreifen können. Gerade deshalb ist ein unsichtbarer Gott eine so große Herausforderung. Die Versuchung liegt daher nahe, sich im Alltag Helferlein zu schaffen, die näher, konkreter und greifbarer sind. Es sind zwar nur Dinge, aber damit verbindet der Mensch gern eine Macht, die ihm zugutekommt und im Alltag hilft. Genau darum geht es im zweiten Gebot: Die von Menschen geschaffenen Dinge bekommen durch ihren Stellenwert im täglichen Leben häufig einen Einfluss, der von Gott und der Beziehung zu ihm wegführt. Es geht dabei nicht darum, dass man das Materielle vergöttert – allein das wäre schon falsch. Es geht um das, wofür das Materielle steht. Die Menschen im Umfeld Israels waren nicht so dumm zu glauben, dass ein geschaffenes Bild irgendeine Macht haben könnte. Das ist ein weitverbreitetes Missverständnis davon, wie Götzenbilder in der damaligen Religion funktionierten. Ein Bildnis war nichts in sich, sondern wurde gefertigt, um einer Gottheit einen Wohnraum zu geben. Nach der Fertigstellung dachte man, dass eine Gottheit das Bildnis beseelt und anschließend durch das Bild verfügbar und nahbar wird.[6] Das wird in der Formulierung „du sollst dich vor ihnen nicht niederwerfen und ihnen nicht dienen" (2Mo 20,5) des zweiten Gebotes deutlich. Worauf bezieht sich „ihnen"? Grammatikalisch ist das wohl nicht das „Götterbild", sondern es sind die „anderen Götter" aus Vers 3.[7] Das geschaffene Bildnis ist also nur das materielle Instrument, durch das man sich einen Einfluss oder eine Macht im täglichen Leben verfügbar machen wollte. Man braucht nicht weit schauen, um dasselbe Prinzip auch heute noch zu entdecken. Niemand sieht im Smartphone nur eine Ansammlung von Plastik, seltenen Erden oder elektronischen Platinen, sondern es ist der Zugangspunkt zu einer Welt, die mit Einfluss, Anerkennung, Ablenkung oder kurzem Spielspaß wirbt und das Leben erfüllender und abwechslungsreicher zu machen verspricht. Auch der Wert eines Autos liegt nicht nur in der materiellen Beschaffenheit, sondern bestenfalls auch darin, welche Möglichkeiten es eröffnet, schlimmstenfalls aber in dem Status, den es dem Besitzer verleiht. Das zweite Gebot richtet sich nicht gegen Handwerkskunst oder die Herstellung von Hilfsmitteln im Alltag, sondern dagegen, hinter dem von Menschen Geschaffenem etwas zu suchen, das eigentlich der Schöpfer geben will und kann. Wenn das Geschöpf bzw. das vom Geschöpf Gefertigte zum Ersatz für den Schöpfer wird, ist die Grenze überschritten, die das zweite Gebot zieht.

Fehler 2: Den wahren Gott durch ein Abbild anbeten

Das zweite Gebot bezieht sich jedoch nicht nur auf ein Bild anderer Götter – es wäre sonst nur eine Vertiefung des ersten Gebotes. Es enthält noch einen anderen Aspekt, der über das erste Gebot hinausgeht: Es verbietet nicht nur andere Götter, sondern auch die Anbetung Jahwes als wahren Gott durch die Herstellung eines Bildes. Ein Israelit könnte einzig und allein Jahwe treu sein und keine anderen Götter haben, aber trotzdem auf die Idee kommen, Jahwe etwas sichtbarer und präsenter zu machen und deshalb ein Bild von ihm anzufertigen. Diese Versuchung ist fast ebenso groß, wie fremden Göttern nachzulaufen, weil sie im Grunde auf das gleiche Problem zurückgeht: Der wahre Gott ist so viel größer als seine Schöpfung, dass er nicht auf das Geschöpf reduziert werden kann und damit unsichtbar bleibt. Aber was unsichtbar ist, bleibt für den Menschen immer abstrakt und fern. Wir haben viel lieber etwas, das man sehen kann.[8] Deshalb ist die Versuchung besonders groß, etwas herzustellen, das Gott für uns greifbar macht. Mose thematisiert dieses Problem in einer sehr erhellenden Passage in 5. Mose 4,10-20. Er betont dabei, dass am Sinai zwar Feuer, Rauch und Donner wahrnehmbar waren, Gott selbst aber unsichtbar blieb: „Die Stimme der Worte hörtet ihr, aber ihr saht keine Gestalt, nur eine Stimme war zu hören. … So sollt ihr euch selbst sehr in Acht nehmen – denn ihr habt keinerlei Gestalt gesehen an dem Tag, als der Herr am Horeb mitten aus dem Feuer zu euch redete –, dass ihr nicht zu eurem Verderben handelt und euch ein Götterbild macht in Gestalt irgendeines Götzenbildes, das Abbild eines männlichen oder eines weiblichen Wesens …“ (5Mo 4,12.15-16). In dieser Passage folgt das Gebot des

Götzendienstes direkt auf die betonte Aussage, dass Gott unsichtbar ist. Mose weiß, wie groß die Versuchung ist, einen unsichtbaren Gott sichtbar zu machen, und warnt daher das Volk vor dieser Gefahr. Die Versuchung, Gott greifbarer zu machen, war in der Geschichte Israels kaum weniger real als die Verehrung anderer Götter. Das zeigt schon die erste Handlung des Volkes nach dem Bundesschluss am Sinai. Als Mose nach der Verkündung des Dekalogs auf den Berg steigt, um weitere Anweisungen zum Bau der Stiftshütte zu empfangen, begeht das Volk genau diesen Fehler: Es lässt von Aaron ein goldenes Kalb anfertigen. Dieses Kalb soll nicht etwa andere Götter darstellen, sondern Jahwe selbst abbilden![9] Bis in die spätere Geschichte Israels zeigen archäologische Funde, dass immer wieder die Gefahr bestand, Jahwe abzubilden.[10] Das zweite Gebot macht deutlich, dass das kaum besser als die Verehrung anderer Götter ist, weil dahinter letztlich derselbe Fehler steckt: Wir Menschen versuchen, Gott auf das zu reduzieren, was wir kennen.

Gottes Unverfügbarkeit

Insgesamt schützt das zweite Gebot Gottes Existenz als personales Wesen davor, auf etwas Unpersönliches und Geschaffenes reduziert zu werden. Wo Gott mit einer Macht oder einem unpersönlichen Ding gleichgesetzt wird, wird er verkannt. Außerdem zeigt das Gebot, dass Gott nicht in einem Bildnis für den Menschen verfügbar gemacht werden kann. Er ist unvergleichlich, übersteigt und transzendiert die Schöpfung und kann von Menschen nicht verfügbar gemacht werden. Das zweite Gebot spricht damit einen sensiblen Bereich an, nämlich den Wunsch von uns Menschen, Gott in unsere Vorstellungen einzufügen und für unsere Zwecke gefügig zu machen. Doch das funktioniert nicht – sonst wäre er ja nicht Gott! Wir müssen Gott Gott sein lassen. Wir wollen Gott in unsere Gedankenwelt, unsere Vorstellungen und unsere Kategorien einfügen. Doch das funktioniert nicht: Ein Schöpfer ist immer größer als das Geschöpf und kann nicht auf das, was er selbst gemacht hat, reduziert werden. Und dennoch findet Gott einen Weg, sich erkennbar zu machen:

Gott offenbart sich – in anderer Form

Es ist aufschlussreich, dass Gott den Israeliten etwas anderes gibt, das sie dennoch anfassen und betasten können. Er gibt ihnen einen Gottesdienst mit Opfern, Ritualen und einem sichtbaren Heiligtum, damit sie ihn besser verstehen können. Sogar den Christen des Neuen Testaments gibt Gott im Abendmahl und der Taufe äußerlich greifbare Symbole, die eine unsichtbare Erlösung für uns besser verständlich machen. Eine noch größere Rolle spielt jedoch eine andere Form, durch die Gott sich mitteilt. In der oben genannten Passage in 5. Mose 4,12-13 stellt Mose der unsichtbaren Gestalt Gottes etwas anderes gegenüber: „Und der Herr redete zu euch mitten aus dem Feuer. Die Stimme der Worte hörtet ihr, aber ihr saht keine Gestalt, nur eine Stimme war zu hören. Und er verkündigte euch seinen Bund, den zu halten er euch gebot: die zehn Worte. Und er schrieb sie auf zwei steinerne Tafeln." Mit anderen Worten: Gott ist zwar unsichtbar, aber er offenbart sich in seinem Wort – hier wird vor allem der Dekalog genannt, der durch die Verschriftlichung auf den Steintafeln tatsächlich greifbar war. Hier ist ein verblüffender Gedanke enthalten: Gerade in dem Moment, in dem Gott seinem Volk die Anfertigung von Bildern verbietet, macht er sich auf andere Weise greifbar – nämlich durch sein gesprochenes (und anschließend geschriebenes) Wort! Bereits in der Einleitung zu 2. Mose 20,1 wurde deutlich, wie besonders dieses Ereignis ist, weil eine öffentliche Mitteilung an Jung und Alt für die damalige religiöse Welt völlig außergewöhnlich ist. Dass Gott sich durch sein *Wort* vorstellt und begreifbarer und besser vorstellbar macht, ist eines der völlig einzigartigen Kennzeichen, die man nur in Israel findet. Die Poesie im Alten Testament ist von einer Fülle von Sprachbildern und bildhaften Wortgebilden geprägt, dass Gott sich eben durch sein Wort plastisch und mit geistlichen Augen sichtbar macht.[11] Und man kann noch einen Schritt weitergehen: Gott verbietet Israel, sich ein Bildnis von Gott zu machen, nämlich „das Bild eines männlichen oder weiblichen Wesens" (5Mo 4,16), weil Gott dies für seinen Sohn reserviert hat. Jesus ist das perfekte Bild (Kol 1,15), das Gott in endgültiger Weise fassbar, greifbar und offenbar macht. Er ist als *das Wort* (Joh 1,1) die endgültige Offenbarung Gottes.[12]

Anbetung und Dienst

Das zweite Gebot bekommt als einziges von zwei Geboten des Dekalogs eine zweifache „Du-sollst-nicht"-Formulierung. Diese gibt es sonst nur noch im letzten, dem zehnten Gebot. Sie leitet die weitere Erklärung in 2. Mose 20,5 ein: „Du sollst dich vor ihnen nicht niederwerfen und ihnen nicht dienen." Die beiden Begriffe „niederwerfen" und „dienen" fassen das gesamte Leben zusammen. „Niederwerfen" steht für den gesamten Bereich der Anbetung, während „dienen" für das gesamte übrige Leben in der Abhängigkeit von Gott steht. Durch das Verbot dessen, was man am Götterbild nicht tun darf, wird gleichzeitig deutlich, was sich Gott von den Erlösten wünscht: Anbetung und Dienst! Der Aspekt des Dienstes war bereits im Prolog angeklungen, wo sich dieselbe Wortwurzel von „dienen" im Ausdruck „Sklavenhaus" (wörtlich: „Haus des Dienens") findet und somit die Erlösten implizit als „Diener" Gottes darstellt. Doch erstaunlicherweise sagt Gott nirgendwo im Dekalog explizit: „Du sollst mich anbeten und mir dienen!" Warum nicht? Ganz einfach deshalb, weil Gott das *selbstverständlich voraussetzt!* Auf das, was Israel in der Erlösung aus Ägypten erlebt hat, kann ja gar nichts anderes folgen, als Gott anzubeten und ihm zu dienen. Das zeigt erneut, wie stark die Gebote in den Kontext einer vorausgegangenen Erlösung eingebettet sind. Gott spricht zu einem Volk, das durch Gottes Gnade erlöst und in Gemeinschaft mit ihm gebracht wurde und zeigt ihnen nun, wie die Beziehung zu ihm nicht gelebt werden darf. Es ist völlig normal, dass niemand sonst ein Recht auf die Anbetung und den Dienst hat, der nun das Leben der Erlösten bestimmt. Auch in dieser Hinsicht ist Gott (wie schon im ersten Gebot) völlig konkurrenzlos. Das macht jedenfalls die Begründung mit „denn" deutlich, die nun folgt: „Denn ich, Jahwe, dein Gott, bin ein eifersüchtiger Gott" (2Mo 20,5).

Blinde Eifersucht?

„Denn *ich,* der HERR, dein Gott, bin ein eifersüchtiger Gott, der die Schuld der Väter heimsucht an den Kindern, an der dritten und vierten Generation von denen, die mich hassen" (2Mo 20,5) – diese

Worte, durch die das Bilderverbot in 2. Mose 20,5 begründet werden, sind sicher die am häufigsten missverstandenen Worte des ganzen Dekalogs. Mehr noch: Sie sind eines der Schreckgespenste des alttestamentlichen Gesetzes und sind häufig Anlass, den Gott des Alten Testamentes als rachsüchtig, selbstzentriert und blind vor Eifersucht darzustellen. Nichts könnte der Realität ferner sein! Um die Worte in ihrem Kontext zu verstehen, muss man zunächst eine ganze Reihe von Missverständnissen ausräumen. Also der Reihe nach:

▸ *Denn ich, Jahwe, dein Gott …*

Zunächst ist wichtig zu beachten, wie Gott sich hier vorstellt.[13] Er betitelt sich mit seinem Namen „Jahwe", der seine Eigenschaft als den Menschen zugewandter und rettender Gott betont. Außerdem stellt er sich bereits zum zweiten Mal in den Zehn Geboten – und auch zum zweiten Mal in der Bibel überhaupt! – als „Jahwe, dein Gott" vor und betont damit die enge Bundesbeziehung zu seinem Volk Israel, die im Kontext des Bundes mit einer Ehebeziehung verglichen wird.[14] Das deutet auf alles andere als auf einen rachsüchtigen Gott hin. Doch was soll dann die auf den ersten Blick befremdliche Bezeichnung als „eifersüchtiger Gott"?

▸ *… bin ein eifersüchtiger Gott*

Den Begriff „eifersüchtig" kann man nicht richtig verstehen, wenn man ihn nicht vor seinem hebräischen Hintergrund sieht. Im Deutschen verbindet man damit jemanden, der angsterfüllt und neurotisch über jemand anderen wacht und kontrolliert, ob dieser nicht fremdgeht. Es gibt im Deutschen so gut wie keinen Kontext, in dem „eifersüchtig" positiv gemeint sein kann, der Begriff wird in unserer Sprache fast ausschließlich negativ verwendet. Das ist im Hebräischen völlig anders. Leider können wir keinen antiken hebräischen Muttersprachler mehr fragen, wie er die Stelle verstanden hat – oder vielleicht doch? Die Septuaginta ist eine antike griechische Übersetzung des Alten Testaments, bei der die hebräischen Muttersprachler in 2. Mose 20,5 eine erstaunliche Übersetzung gewählt haben. Sie hatten die Wahl zwischen mehreren griechischen Begriffen, doch sie wählten zielsicher ein Wort aus, das in der griechischen Sprache ausschließlich positiv gemeint ist, auch wenn der Satzbau dadurch sperrig wurde.[15] Noch aussagekräftiger aber ist der hebräische Begriff selbst, den wir aus anderen Stellen des Alten Testaments kennen. Obwohl er auch im Hebräischen negativ im Sinne von krankhaftem Neid und Eifersucht gebraucht werden *kann*, steht dann, wenn er auf Gott bezogen wird, eindeutig eine positive Bedeutung im Vordergrund.[16] Jede Assoziation mit einer selbstzentrierten Kleinlichkeit, Angst vor dem Verlust von Eigentum, Neid oder Eifersucht ist hier fehl am Platz.[17] Der hier verwendete Begriff leitet sich von etwas ab, das mit Hingabe, Leidenschaft, Passion, Engagement und Eifer zu tun hat und regelmäßig im Kontext der Liebessprache verwendet wird. Der Ausdruck hat seinen Kern in der Liebesbeziehung eines Liebenden, der heiß, innig und inbrünstig (aber nicht neurotisch) um die Beziehung mit seinem Partner bemüht ist.[18] Genauso wird der Begriff an der wohl bekanntesten Stelle des Hohenliedes als Paradebeispiel der Liebe verwendet und mit „Leidenschaft" übersetzt: „Leg mich wie ein Siegel an dein Herz, wie ein Siegel an deinen Arm! Denn stark wie der Tod ist die Liebe, hart wie der Scheol die *Leidenschaft*. Ihre Gluten sind Feuergluten, eine Flamme Jahs" (Hl 8,6). Gerade *weil* Gott Israel so leidenschaftlich liebt, wird er immer eifrig um sein Volk bemüht sein, es niemals aufgeben und verlassen! Wie stark ist eine Liebe, die den Geliebten bei dem ersten Anzeichen von Untreue einfach gehen lässt, ohne mit ihm zu reden, um ihn zu werben und ihn zu gewinnen zu versuchen? Oder um ein noch passenderes Bild zu wählen, das dem Kontext des Sinaibundes als symbolische Hochzeit zwischen Gott und Israel entspricht: Welcher Ehemann würde beim Trauversprechen nicht davon reden, seine Frau bedingungslos und innig lieben zu wollen? Oder würde etwa ein Ehemann beim Trauversprechen zu seiner Braut sagen: „Wenn deine Liebe zu mir die ersten Anzeichen von Schwäche zeigen sollte, werde ich nicht um dich kämpfen, dir nicht nachgehen und mich nicht mehr für dich interessieren – du wirst mir dann gleichgültig sein." Wenn eine Braut so etwas hört, wird sie sich das Ja-Wort noch einmal gut überlegen. Wer seine Braut wirklich liebt, *muss* in seiner

Liebe doch leidenschaftlich um sie bemüht sein! Wer wirklich liebt, kann auch dann, wenn der Geliebte untreu wird, nicht gleichgültig bleiben.

Doch Gottes Liebe geht noch weiter, als menschliche Vergleiche deutlich machen können. Israel kam gerade aus einer Sklaverei in Ägypten, wo das Volk von anderen Göttern umgeben war. Der Exodus war nicht nur eine Befreiung aus der Macht des Pharao, sondern auch eine Befreiung aus dem Einflussbereich der anderen Götter (2Mo 12,12). Die Götterwelt Ägyptens ist nicht spurlos an Israel vorübergegangen: Nicht nur waren sie von der überwältigenden Anzahl an Göttern in Ägypten so sehr beeinflusst, dass sie ihnen sogar dienten (Hes 20,6-8), sondern sie opferten diesen anderen Göttern auch noch nach dem Bundesschluss am Sinai (3Mo 17,7). Die Götter Ägyptens wurden für Israel damit nicht nur Unterdrücker, sondern sogar „Geliebte", denen Israel gern diente! Es ist interessant, dass wir Menschen oft das lieben, was uns unterdrückt, versklavt und zugrunde richtet. Es ist leider eine Realität, dass unser Empfinden darüber, was gut für uns ist, oftmals kein guter Ratgeber ist. Gott befreit sein Volk aus den Händen einer Macht, die einen vernichtenden, zerstörerischen und knechtenden Einfluss hat. Und gerade *weil* er sein Volk liebt, muss er auch dafür sorgen, dass es dauerhaft frei bleibt von diesem Einfluss. Das ist der Kern der leidenschaftlichen Liebe Gottes. Mit einer egoistischen, selbstsüchtigen oder krankhaften Eifersucht hat das nichts, aber auch gar nichts zu tun. Im Gegenteil: Gott will nicht das Beste für sich, sondern für die von ihm Erkauften und Erlösten. Er hat sie nicht umsonst erkauft und erlöst, sondern will ihnen dauerhaft das Beste – sich selbst – schenken. Die mit „Eifersucht" übersetzte Eigenschaft Gottes ist im Alten Testament also eine aktive Eigenschaft Gottes, in der er passioniert und leidenschaftlich Loyalität zeigt und sucht.[19] Gerade *weil* Gott Israel so heiß und inbrünstig liebt, *muss er und will er* – im Wissen darum, dass alles andere der Untergang für Israel wäre – *aus dieser Liebe* dafür sorgen, dass Israel keine anderen Götter lieb hat. Eben darin unterscheidet sich die göttliche Liebe ganz wesentlich von menschlicher Liebe. Menschliche Eifersucht oder Leidenschaft kann fehlgeleitet sein und dem Gegenüber in Wirklichkeit schaden. Doch Gott ist der beste Liebhaber des Universums - einfach, weil er Gott ist und damit Erfinder, Schöpfer und Ursprung der Liebe in einer Perfektion und Vollkommenheit, die wir uns gar nicht ausdenken können. Es wäre Gleichgültigkeit pur, wenn Gott diejenigen, die er erlöst, befreit und in eine innige Liebesbeziehung zu ihm gerufen hat, anschließend wieder dem zerstörerischen Einfluss anderer überlässt. Vor diesem Hintergrund ist verständlich, weshalb Gott sogar Mittel einsetzen kann, die uns Menschen erst einmal unangenehm sind, um uns vor größerem Schaden zu bewahren. Eben davon ist in der Fortsetzung die Rede:

▸ *... der die Schuld der Väter heimsucht*

Der Begriff „heimsuchen", der hier verwendet wird, ist ein höchst interessantes und vielschichtiges Wort. In der Grundbedeutung meint es so viel wie „betreuen", „mit Sorge bzw. Interesse auf/nach etwas schauen", „sich eingehend um etwas kümmern", „besuchen", „aufsuchen" oder „etwas überprüfen, kontrollieren; nach dem Rechten sehen".[20] Je nach Kontext kann es unterschiedlich aussehen, wie genau Gott sich um die Schuld kümmert.

Hier steht mit Sicherheit ein Kümmern im Vordergrund, das Schuld zur Rechenschaft zieht, wie man leicht aus den parallelen Texten in 2. Mose 34,7 und 5. Mose 7,9-10 erkennen kann. Es ist ein sehr wichtiger und auch beruhigender Fakt, dass Gott Schuldige zur Rechenschaft zieht. Warum beruhigend? Einfach deshalb, weil er sonst nicht gerecht wäre. Wer hat sich nicht schon einmal danach gesehnt, dass ein gravierendes Verbrechen oder eine schreiende Ungerechtigkeit, mit denen Menschen einfach so durchkommen, endgültig klargestellt wird und dass jemand die Schuldigen zur Rechenschaft zieht und für Gerechtigkeit sorgt? Viele Menschen, die sich in dem einen Moment darüber aufregen, dass Gott Schuld bestraft, fragen im anderen Moment entrüstet, warum Gott denn die ganze Ungerechtigkeit in der Welt nicht richtet. Ja, was denn nun? Das zeigt nur, dass wir uns in Wirklichkeit nach endgültiger Gerechtigkeit sehnen - nur eben nicht, wenn wir selbst ungerecht handeln.

Wenn Gott das Unrecht nicht zur Rechenschaft ziehen würde, gäbe es auch keine wirkliche Gerechtigkeit. Er muss sich um das Unrecht kümmern und Schuld bestrafen. Doch in welcher Form und Absicht sucht Gott die Schuld heim?

Es gibt eine Art der Strafe, die von Rache getrieben ist und zu Zerstörung führt. Es gibt aber auch eine Art der Strafe, die zum Guten führt und vor Schlimmerem bewahren will. Letzteres ist der Fall, wenn Eltern ihre Kinder bestrafen. Diese Art der Strafe, die man besser als Erziehungsmaßnahme bezeichnen müsste, ist hier gemeint. Für Israel ist das ein sehr tröstlicher Gedanke, weil er zeigt, dass Gott eben nicht alles durchgehen *lässt,* was an Ungerechtigkeit geschieht. Die Sünden der Väter und Kinder werden sich zwangsläufig an ihren Mitmenschen zeigen und zu Ungerechtigkeit und Unterdrückung führen. Diese Unterdrückung lässt Gott nicht zu – er schützt damit sein Volk vor denen, die wie Krebs innerhalb der Gemeinschaft wuchern, und greift ein. Wer will denn nicht von Gott vor seinem grausamen Nachbarn geschützt werden, der stiehlt, misshandelt und den Schwachen in seiner Umgebung das Leben schwer macht? Er vergilt und bestraft Unrecht an Gerechten und Schwachen, weil er ein gerechter Gott ist. Für das Volk als Ganzes gesehen bedeutet das Heimsuchen der Schuld daher eine Züchtigung, Reinigung und einen Segen, weil es die Heilsgemeinschaft reinigt und vor weiterem Ungehorsam schützt! Gott handelt nicht boshaft an seinem Volk, sondern kümmert sich um Unrecht, um dagegen vorzugehen, es zu beseitigen und sein Volk in der Treue zu halten. Die Lektion in der kollektiven Betrachtung ist daher *Züchtigung,* nicht Strafe Israels, mit dem Ziel der Zurechtbringung. Gott handelt nicht aus Rachsucht, sondern aus Liebe (vgl. Hebr 12,6)!

Es verwundert also nicht, dass den Ausführungen über die Heimsuchung der Schuld die leidenschaftliche Liebe Gottes vorangestellt wird. Gerade in den alttestamentlichen Propheten beschreibt der zugrunde liegende Begriff den liebenden Eifer Gottes, mit dem er das Gute und die Rettung für sein Volk sucht. Die meisten Stellen im Zusammenhang mit Gottes „Eifer" sind häufig mit Zorn verbunden, aber auch mit der Absicht zum Guten. Wir greifen nur ein Beispiel heraus: „Groß ist die Herrschaft, und der Friede wird kein Ende haben auf dem Thron Davids und über seinem Königreich, es zu festigen und zu stützen durch Recht und Gerechtigkeit von nun an bis in Ewigkeit. Der Eifer des Herrn der Heerscharen wird dies tun" (Jes 9,6; ähnlich auch Jes 37,32; 2Kö 19,31). Hier sind es der Eifer und die Leidenschaft Gottes, die für dauerhaftes Recht und Gerechtigkeit sorgen – was für ein Ausblick! Durchaus verstörend aber kann vor diesem Hintergrund der folgende Satzteil wirken:

▸ *... an den Kindern der dritten und vierten Generation*

Um es gleich vorwegzunehmen: Von einer Bestrafung unschuldiger Kinder bis in die dritte oder vierte Generation ist hier nicht die Rede. Um den Sinn dieser Worte zu verstehen, muss man sich das zugrunde liegende Szenario in Israel einmal bildhaft vorstellen: Nehmen wir an, ein Vater (V. 5) einer Familie lädt Schuld auf sich. Im Kontext des zweiten Gebotes muss es sich dabei um eine gravierende Schuld handeln, durch die ein aktiver und wissentlicher Bruch in der Beziehung zu Gott oder Götzendienst im Spiel ist. Nun inspiziert und prüft (das wäre hier eine passende Wiedergabe von „heimsuchen") Gott die Schuld des Vaters nicht nur bei diesem selbst, sondern auch in der dritten und vierten Generation. Die Anzahl von drei bis vier Generationen ist nicht willkürlich gewählt, sondern erklärt sich dadurch, dass dies der Anzahl von Generationen entspricht, die unter einem Dach oder in einer Großfamilie zusammen leben können (ein Mensch erlebt in der Regel höchstens seine Enkel oder Urenkel). Es geht also um solche Nachkommen, die direkt von der Schuld des Vorfahren beeinflusst sein können – und auch nur um solche! Es wäre eine völlig falsche Vorstellung, dass Gott nun die Schuld des Vaters an seinen Kindern, Enkeln und Urenkeln unabhängig von deren Verhalten heimsuchen würde. Im Gegenteil: Gott inspiziert bei all denen, die direkt von dem schuldigen Vater beeinflusst sein können, ob sie dessen Schuld nachahmen und übernommen haben. Das macht der nächste Satzteil deutlich:

▸ … *von denen, die mich hassen*

Das Wort „von“ ist hier sehr wichtig, weil es das Heimsuchen der Schuld auf solche beschränkt, die Gott (wie der schuldige Vater im oben genannten Beispiel) „hassen“. Mit anderen Worten: Gott vergilt Schuld nur dann, wenn die Kinder, Enkel oder Urenkel in eigener Entscheidung die Schuld des Vaters übernehmen und fortfahren, Gott zu hassen (allein das Wort „hassen“ zeigt, wie gravierend die Schuld sein muss, an die hier gedacht ist). Das macht nicht nur die Wortwahl im hebräischen Text, sondern auch die Erklärung in 5. Mose 24,16 (vgl. auch 2Kö 14,5-6) oder späteren prophetischen Texten (Hes 18,4.14-18; vgl. auch Jer 31,29-30)[21] unmissverständlich klar. Das Gebot meint damit, dass Gott auf die Fortsetzung von Sünden bei bis zu vier Generationen genau achtet, aber nicht mehr. Ein gutes Beispiel dafür ist die Sünde des Königs Manasse, die Gott noch an dessen Enkel Jojakim heimsuchte, weil dieser in den Wegen seines Großvaters lebte (2Kö 24,3).[22] Das heißt: Gott richtet, wo der menschliche, direkte negative Einfluss noch hinreicht, aber nur so weit. Andererseits achtet Gott aber bei tausend Generationen auf die Fortsetzung von Treue! Er segnet somit weiter, als das menschliche Blickfenster reicht, und zwar über viele Generationen hinaus:

▸ … *der aber Gnade erweist an Tausenden von denen, die mich lieben und meine Gebote halten.*

Hier ist zunächst nicht klar, worauf sich „Tausende“ bezieht. Ist an Tausende von Menschen oder an Tausende von Generationen gedacht? Tatsächlich ist der Text doppeldeutig, im Endeffekt läuft beides aber durch den Kontrast der drei bis vier Generationen zu Tausenden auf etwas sehr Ähnliches hinaus:[23] Der Segen übersteigt den Fluch – und zwar bei Weitem. Gott ist also sprichwörtlich tausendmal williger, Gnade, Treue und Liebe zu erweisen, als Unrecht heimzusuchen. Der hier mit „Gnade“ übersetzte Begriff ist eines der schillerndsten Worte des Alten Testaments und pendelt zwischen „Gnade“, „Treue“ und „Liebe“. Gerade im Kontext des Bundes meint er häufig die bedingungslose Treue, Loyalität und feste Liebe Gottes zu denen, die in der Bundesbeziehung mit ihm stehen. Auch hier wird der Erweis der Treue jedoch auf solche beschränkt, die Gott „lieben und seine Gebote halten". Man könnte diesen Satzteil auch mit „wo immer man mich liebt und meine Gebote beachtet" wiedergeben.[24] Damit drückt Gott die Stetigkeit und Verlässlichkeit seiner Liebe aus: Sie wird nicht irgendwann zu Ende sein, auch gilt sie nicht willkürlich nur einigen derer, die ihn lieben.

Es ist nur folgerichtig, dass nun die Liebe Israels ins Spiel kommt, und zwar als die Reaktion, die Gott sich wünscht. Man beachte die Reihenfolge: Zuerst Gottes Liebe (er ist leidenschaftlich in seiner Liebe) und *dann* als *Reaktion* die Liebe des Volkes.

Eingebettet in Liebe

Überblickt man die in 2. Mose 20,5-6 eingefügte Begründung des zweiten Gebotes, sich kein Götterbild zu machen, wird die Intention von Gottes Geboten deutlich: Er ist ein Gott, der die von ihm Erlösten innig und leidenschaftlich liebt und um ihretwillen nicht zulässt, dass sie von rivalisierenden Mächten versklavt und geknechtet werden oder ihm die Treue aufkündigen. Wo dies geschieht, greift er in seinem Eifer ein, der sich in Zurechtbringung und einem erzieherischen Kümmern um eine Schuld äußert, die gravierend ist und die nächsten Generationen gefährdet. Gott lässt nicht zu, dass das Böse um sich greift, sondern greift zum Schutz nachfolgender Generationen und zur Zurechtbringung seines Volkes ein. Er beschränkt das Inspizieren jedoch auf höchstens vier Generationen und auch innerhalb dieser Generationen nur auf solche, die bewusst in den Sünden ihres (Ur-/Groß-)Vaters leben, ist aber umso williger, eine unbeschränkte und verlässliche Treue an denen zu erweisen, die auf seine Liebe mit Gegenliebe und Gehorsam reagieren. Die Verse, die häufig als „Schreckgespenst" des Alten Testaments missverstanden werden, handeln von einem Gott, der sich in passionierter Liebe um die kümmert, die er erlöst hat. Darüber kann man lange nachdenken und neu über das Wesen dieses Gottes staunen. Doch damit nicht genug, man kann noch einen Schritt weitergehen. Die Verse in 2. Mose 20,5-6 enthalten nämlich auch einen atemberaubenden Ausblick auf das Evangelium.

Das Evangelium im Gesetz

Biblische Worte oder Sätze enthalten neben einem Hauptsinn manchmal noch einen weiterführenden Nebensinn, der sich erst im größeren biblischen Kontext deutlicher zeigt. So ist es auch hier, denn das zweite Gebot enthält einen faszinierenden Ausblick auf das Evangelium, der geradezu neutestamentlich anmutet. Um das zu verstehen, widmen wir uns noch einmal der Wortbedeutung von „heimsuchen". Bei dieser fällt auf, dass nicht nur die Grundbedeutung des Wortes im Sinne von „intensiv kümmern um" oder „besuchen" einen sehr positiven, zuwendenden Klang hat, sondern dass das Wort auch in allen weiteren Erwähnungen in der Thora vor 2. Mose 20 ausschließlich diese positive Bedeutung hat.[25] Als Handlung Gottes bezeichnet es durchweg seine heilvolle und rettende Zuwendung als Erfüllung seiner Verheißungen (z. B. 1Mo 21,1), vor allem aber wird es an der Mehrzahl der Stellen, die die Zuwendung Gottes zu Israel im Auszug aus Ägypten erwähnen, verwendet (1Mo 50,24.25; 2Mo 3,16; 4,31; 13,19). Wer also die Thora von vorne im Zusammenhang liest, erwartet zunächst intuitiv, dass in 2. Mose 20,5 mit „sich kümmern um" wie in allen vorherigen Vorkommen ebenfalls eine rettende Handlung gemeint ist und Gott sich in rettender, vergebender Weise um die Schuld kümmert. Noch bemerkenswerter ist, dass die Fortsetzung in 2. Mose 20,6 wörtlich mit einem „und" beginnt und damit kein Gegensatz, sondern eine Erklärung zu 2. Mose 20,5 sein kann. Liest man den Text auf diese Weise, lautet er: „Denn Jahwe, dein Gott, ist ein (in Liebe) leidenschaftlicher Gott, der sich um die Schuld der Väter kümmert (indem er sie vergibt), (sogar noch) bei der dritten und vierten Generation solcher, die ihn hassen, und (damit) Gnade erweist an Tausenden von Menschen, wenn sie mich lieben und meine Gebote halten" (2Mo 20,5-6). Zwei Details fallen hier auf: Zum einen wendet Gott sich hier sogar denen zu, die ihn hassen. Zum anderen ist die Formulierung „die mich lieben und meine Gebote halten" so allgemein gehalten, dass sie Gottes Treue nicht an eine Abstammung von Israel bindet, sondern so wirkt, als gelte sie allen Menschen – sogar den Heiden. Ein Gott, der sich rettend allen Menschen zuwendet, sogar denen, die ihn hassen, und ihnen anbietet, zu ihm umzukehren und ihn zu lieben – das klingt auf den ersten Blick unglaublich, ist aber genau das, was Gott schließlich getan hat (vgl. Röm 5,8.10). Offen bleibt im alttestamentlichen Kontext nur, *wie genau* Gott sich um die Schuld kümmert. Übersieht er sie einfach? Oder richtet er sie anders? Erst im großen Kontext der Bibel wird die Antwort klar: Gott übersieht die Schuld keineswegs, er lässt sie auch nicht ungestraft (vgl. 2Mo 34,7), sondern er kümmert sich darum, indem er Jesus zum Sühneort macht (Röm 3,25-26)! So werden gerade die Verse, die im alttestamentlichen Kontext dem Evangelium wie keine anderen Worte entgegenzustehen scheinen, zu versteckten und atemberaubenden Hinweisen auf das Evangelium.

Es ist offensichtlich, dass dieser Gott völlig einzigartig ist. Und genau davon handelt das nächste Gebot – man darf gespannt sein (oder einfach weiterblättern)!

Anmerkungen

1 Im hebr. Text wird hier dieselbe Konstruktion wie im ersten Gebot verwendet: *lo jichja lecha* (V. 3 wörtlich: nicht sei dir) bzw. *lo taasä lecha* (V. 4 wörtlich: nicht mache dir). Der einzige Unterschied ist, dass in Vers 3 „sein" und in Vers 4 „tun/machen" verwendet wird.

2 So etwa in der Lutherbibel, in der diese Formulierung von 1545 bis in die neueren Fassungen von 1984 und 2017 immer gleichgeblieben ist. Auch die Schlachter-Bibel übersetzt mit „Bildnis" (1951 und 2000).

3 Siehe dazu D. J. A. Clines, Hg., *The Dictionary of Classical Hebrew* (Sheffield: Phoenix, 1993–2011), VI, S. 726. Interessant ist auch die sinngemäße Wiedergabe des zweiten Gebotes in 5Mo 4,16-19, durch die diese relativ enge Bedeutung bestätigt wird.

4 Siehe zu dieser Verehrung: K. van der Toorn, B. Becking und P. W. van der Horst, Hg., *Dictionary of Deities and Demons in the Bible* (Leiden: Brill, 1999[2]), S. 810–811.

5 Das gilt sogar bis heute: Die Tiefsee ist bis heute einer der unerforschtesten Bereiche der Erde. Auch die Weiten des Weltalls sind für den Menschen nur sehr begrenzt einsehbar.

6 Eine kurze Übersicht über die Funktion des Götzendienstes in der damaligen Zeit gibt J. H. Walton, *Ancient Near Eastern Thought and the Old Testament: Introducing the Conceptual World of the Hebrew Bible* (Grand Rapids: Baker Academic, 2006), S. 114–118, und D. K. Stuart, *Exodus* (The New American Commentary; Nashville: Broadman & Holman Publishers, 2006), S. 450–454. Vgl. auch B. Wells, „Exodus", *Zondervan Illustrated Bible Backgrounds Commentary (Old Testament): Genesis, Exodus, Leviticus, Numbers, Deuteronomy* (hg. J. H. Walton; Grand Rapids: Zondervan, 2009), S. 160–283, hier S. 232.

7 Siehe für die grammatikalischen Einzelheiten: D. I. Block, *How I Love Your Torah, O Lord! Studies in the Book of Deuteronomy* (Eugene: Cascade Books, 2011), S. 60; vgl. aber auch B. Kilchör, *Mosetora und Jahwetora: Das Verhältnis von Deuteronomium 12–26 zu Exodus, Levitikus und Numeri* (Beihefte zur Zeitschrift für Altorientalische und Biblische Rechtsgeschichte, Bd. 21; Wiesbaden: Harrassowitz, 2015), S. 45–46.

8 Noch im Neuen Testament kämpfen die Adressaten des Hebräerbriefes mit diesem Problem: Sie wollen lieber in einen anschaulichen und betastbaren Gottesdienst zurückkehren. Der Schreiber des Briefes muss sie deshalb darauf hinweisen, dass etwas weniger Sichtbares nicht weniger, sondern mehr wert ist (vgl. Hebr 12,18-24)!

9 Das geht deutlich aus 2Mo 32 hervor. Aaron spricht nach der Fertigstellung des Kalbes: „Das ist dein Gott, Israel, der dich aus dem Land Ägypten heraufgeführt

hat. … Ein Fest für Jahwe ist morgen" (2Mo 32,4-5). Im Hebräischen steht das Wort für „Gott" (*elohim*) fast immer im Plural, daher kann in 2Mo 32,1.4 auch nur ein einziger Gott gemeint sein.

10 J. H. Walton, Hg., *Zondervan Illustrated Bible Backgrounds Commentary (Old Testament): Genesis, Exodus, Leviticus, Numbers, Deuteronomy* (Grand Rapids: Zondervan, 2009), S. 232.

11 Diesen interessanten Gedanken nennt T. E. Fretheim, *Exodus* (Interpretation; Louisville: John Knox, 1991), S. 227.

12 Hierüber lohnt es sich noch länger nachzudenken. Schon zu Beginn der Schöpfung hat Gott ein bestimmtes „Bild" vorgesehen, das ihn darstellen, repräsentieren und veranschaulichen sollte: Das war der Mensch selbst (1Mo 1,27). Leider ist das, was der Mensch nach dem Sündenfall aus dieser Funktion gemacht hat, eine Karikatur dessen, was Gott vorgesehen hatte. Götzendienst ist damit der Versuch, Gott außerhalb des Menschen sichtbar zu machen, und allein deshalb schon eine Verzerrung der ursprünglichen Absicht Gottes, weil der Mensch nicht über die Schöpfung herrscht, sondern ihr unterworfen wird. Erst der neue Adam, Jesus, macht das, worin Adam versagte, perfekt: Er ist *das* Bild Gottes in vollendeter Perfektion. Er führt gleichzeitig das zusammen, was im Alten Testament noch getrennt ist, nämlich die zwei verschiedenen Offenbarungen durch den Menschen und das Wort als „Bilder" und Hinweise auf Gott. Jesus ist *das* Wort und als Mensch *das* Bild Gottes.

13 Der Charakter der Selbstvorstellung wird dadurch hervorgehoben, dass hier wieder (wie in 2Mo 20,1) die Langform des Personalpronomens „ich" und nicht die sonst gebräuchliche Kurzform verwendet wird.

14 Die Bezeichnung „Jahwe, dein Gott" nimmt die Bundesformel auf, siehe dazu oben im Prolog (2Mo 20,1).

15 Das ist das Wort *zelotes*, das jemanden meint, der ernsthaft einer Partei oder Sache verpflichtet ist und damit ein Enthusiast, Anhänger oder Loyalist ist, siehe W. Bauer, F. W. Danker, W. Arndt und F. W. Gingrich, *A Greek-English Lexicon of the New Testament and Other Early Christian Literature* (Chicago: Chicago University Press, 2000[3]), S. 427.

16 Hier fehlt der Platz für einen ausführlichen Nachweis, siehe zum Folgenden die Ausführungen in M. Weinfeld, *Deuteronomy 1–11: A New Translation with Introduction and Commentary* (Anchor Yale Bible; New Haven: Yale University Press, 2008), S. 295, sowie die einschlägigen Wörterbücher von W. A. VanGemeren, Hg., *New International Dictionary of Old Testament Theology & Exegesis* (Grand Rapids: Zondervan, 1997), III, S. 937–940; D. J. A. Clines, Hg., *The Dictionary of Classical Hebrew* (Sheffield: Phoenix, 1993–2011), VII, S. 264; E. Jenni und C. Westermann, Hg., *Theologisches Handwörterbuch zum Alten Testament: Bände I & II* (Gütersloh: Gütersloher Verlagshaus, 2004), II, S. 647–650.

17 So nach W. A. VanGemeren, Hg., *New International Dictionary of Old Testament Theology & Exegesis* (Grand Rapids: Zondervan, 1997), III, S. 939: „Any association with self-centered pettiness, fear of losing property, envy, or jealousy is absent in the context of the manifestation of the הַאֲנָק of God. The translation 'jealous' is, therefore, inadequate."

18 Vgl. M. Weinfeld, *Deuteronomy 1–11: A New Translation with Introduction and Commentary* (Anchor Yale Bible; New Haven: Yale University Press, 2008), S. 295.

19 T. D. Alexander, *Exodus* (Apollos Old Testament Commentary; London: Apollos, 2017), S. 405.

20 Entnommen aus: E. Jenni und C. Westermann, Hg., *Theologisches Handwörterbuch zum Alten Testament: Bände I & II* (Gütersloh: Gütersloher Verlagshaus, 2004), II, S. 468; siehe für eine Übersicht des semantischen Spektrums ferner die ausführliche Auflistung in D. J. A. Clines, Hg., *The Dictionary of Classical Hebrew* (Sheffield: Phoenix, 1993–2011), VI, S. 737–745.

21 Offenbar gab es in Israel das Missverständnis, dass auch unschuldige Söhne um der Schuld der Väter willen leiden. Gegen dieses in Israel verbreitete Missverständnis, das durch das Sprichwort in Jer 31,29 und Hes 18,2.19 ausgedrückt wird, nimmt Gott in Jer 31,30 und Hes 18,1-32 Stellung.

22 Siehe T. D. Alexander, *Exodus* (Apollos Old Testament Commentary; London: Apollos, 2017), S. 407.

23 Die Umkehrung in 2Mo 34,6-7 spricht stark dafür, da dort nicht an Generationen gedacht ist (T. D. Alexander, *Exodus* (Apollos Old Testament Commentary; London: Apollos, 2017), S. 389), die Wiedergabe in 5Mo 7,9 dagegen (wenn auch nicht zwingend) für Zweiteres. Mir erscheint Ersteres plausibler. Falls doch an Generationen gedacht ist, so bleibt die Güte dennoch auf die beschränkt, die Gott lieben und ihm gehorchen, daher ist der Kontrast von drei bis vier zu tausend eher als Wunsch Gottes zu verstehen, weit mehr zu segnen als zu strafen (vgl. D. K. Stuart, *Exodus* [The New American Commentary; Nashville: Broadman & Holman Publishers, 2006], S. 454).

24 So C. Dohmen, *Exodus 19–40* (Herders Theologischer Kommentar zum Alten Testament; Freiburg: Herder, 2012²), S. 108.

25 Es wird vor 2Mo 20 genau zehnmal verwendet, dabei beziehen sich vier Verwendungen auf die Zuwendung, die Josef in Ägypten durch Gottes Wirken erfährt (1Mo 39,4.5; 40,4; 41,34). Bedeutsamer aber sind die übrigen sechs Stellen, von denen sich fünf auf die Erfüllung der Verheißung Gottes beziehen.

DAS DRITTE GEBOT: DEN NAMEN GOTTES KENNEN UND WIDERSPIEGELN (2MO 20,7)

Du sollst den Namen Jahwes, deines Gottes, nicht zu Nichtigem aussprechen, denn Jahwe wird den nicht ungestraft lassen, der seinen Namen zu Nichtigem ausspricht.

Wieso geht es jetzt um den Namen?

Die Gebote, die das Verhalten gegenüber Gott betreffen, folgen einer strengen Logik. Nachdem es in den ersten beiden Geboten zunächst um die Haltung gegenüber Gott ging, wird nun das Reden thematisiert. Wie redet jemand, der in der Beziehung zu Gott lebt? Und noch konkreter: Wie redet er über Gott? Während das zweite Gebot den Fehler thematisierte, Gott in einem Bild darzustellen, das mit Augen und Händen wahrgenommen wird, geht es im dritten Gebot darum, Gott nicht durch Worte vor den Ohren anderer falsch darzustellen.[1] Als moderner Leser fragt man sich allerdings, warum gerade der Name Gottes in diesem Zusammenhang so wichtig ist. Geht es darum, diesen Namen unter keinen Umständen auszusprechen? Oder welche anderen Gründe gibt es, dass hier der Name Gottes im Mittelpunkt steht? Um die Bedeutung des Namens zu verstehen, lohnt sich ein kurzer Blick darauf, was Namen in alttestamentlicher Zeit bedeutet haben.

Für was steht der Name?

Heute ist der Name vor allem ein Erkennungsmerkmal, durch das man einfach eine Person von einer anderen Person unterscheiden kann. Aber dieser Name ist relativ beliebig. Manche Personen ändern ihren Namen, weil er ihnen nicht gefällt, oder sie wählen nach einiger Zeit ihren Zweitnamen als Rufnamen. Niemanden stört es, wenn man eine Person mit einem anderen Namen nennt, weil ein Name in sich keine große Bedeutung hat – die meisten Menschen kennen nicht einmal die Bedeutung ihres Namens. Das war in alttestamentlicher Zeit völlig anders. Ein Name diente nicht nur zur Unterscheidung von Personen, sondern er stand auch für das Wesen, den Charakter, die Persönlichkeit, den Willen und die Taten einer Person. Kurz gesagt: Ein Name steht für das, was wir heute als „Identität“ bezeichnen – das innerste Selbst und alle entscheidenden Merkmale einer Person. Eine Umbenennung hat daher niemals den Grund, einfach einen schöner klingenden Namen zu verwenden, sondern steht für eine ganz umfassende Änderung des Wesens, der Stellung oder der Identität.[2] Vor diesem Hintergrund wird verständlich, dass der Name Gottes nicht einfach nur als Anrede verwendet wird, sondern auch für das Wesen, die Eigenschaften, den Willen und die Taten Gottes steht.

Der Klang eines Namens

Der Name steht für die Person mit allen ihren Eigenschaften, Vorzügen und Charakterzügen. „Sich einen Namen machen“ (2Sam 8,13) oder „einen Namen groß machen“ (1Mo 12,2) sind typische Formulierungen, die für das hebräische Verständnis charakteristisch sind. Oder man sehe sich einmal die Passage im Buch Hohelied an, in der die Geliebte zu ihrem Geliebten sagt: „Ausgegossenes Salböl ist dein Name. Darum lieben dich die Mädchen“ (Hl 1,3; vgl. auch Pred 7,1).

Heute würde das als Liebeserklärung bestenfalls eine hochgezogene Augenbraue zur Folge haben. *Was soll mein Name sein? Und wieso ausgeschüttet – ist die Flasche kaputt gegangen? Und was hat Helmut überhaupt mit Salbe zu tun?* So ähnlich würde ein Mann mit Namen Helmut heute vielleicht auf diese Liebeserklärung des Hohenliedes reagieren. In der Poesie der biblischen Zeit aber ergibt die Aussage absolut Sinn. Sie zeigt, dass allein der *Klang eines Namens* mit allen positiven Eigenschaften assoziiert wurde, die die Person hatte. Er ist wie Balsam für die Seele und entfaltet wie ausgegossenes Parfüm eine ungeheure Wirkung bei allen, die ihn wahrnehmen.

Was ist der Name Gottes?

Auch wenn Gott im Alten Testament viele Namen, Titel und Bezeichnungen bekommt[3], so gibt es doch einen ganz bestimmten Namen Gottes. Dieser Name ist „Jahwe" (in Bibeln häufig mit „HERR" wiedergegeben). Er wird bereits in der Schöpfungserzählung verwendet, aber dort erst eingeführt, als es um die detailliertere Erzählung der Erschaffung des Menschen geht (1Mo 2,4–25). Daraus wird ersichtlich, dass der Name vor allem dann verwendet wird, wenn das dem Menschen zugewandte Handeln Gottes betont werden soll.[4] Schon die Patriarchen kannten diesen Namen (vgl. z. B. 1Mo 12,8; 13,4; 15,2; 18,14; 28,13), verwendeten ihn aber relativ selten. Im Buch 2. Mose kommt dem Namen Jahwe eine so große Bedeutung zu, dass Gott sagt: „Ich bin Abraham, Isaak und Jakob erschienen als Gott, der Allmächtige, aber mit meinem Namen Jahwe habe ich mich ihnen nicht zu erkennen gegeben" (2Mo 6,3). Damit ist nicht gemeint, dass die Patriarchen den Namen Jahwe nicht kannten, sondern dass sie einen (oder sogar den) wesentlichen Wesenszug des Namens noch nicht kannten, weil er erst durch die Rettung aus Ägypten vollends deutlich wird. Dieser Wesenszug ist die Eigenschaft Gottes als Rettergott, wie sie in der Erlösung aus Ägypten in so dramatischer Weise deutlich wird. Das heißt nichts weniger, als dass eine wesentliche Bedeutung des Namens Jahwe in der Eigenschaft Gottes als Rettergott liegt![5] Der Name Jahwe bekommt also im zweiten Buch Mose einen besonderen Klang als Name der Rettung und behält diesen Klang auch im weiteren Alten Testament bei.

Doch die Art, in der Gott den Namen „Jahwe“ in 2. Mose 3,14 erklärt, weist noch auf eine andere Bedeutungsebene hin: Der Name steht für Gott als den Seienden, der seine Existenz niemand anderem verdankt und nur durch sich selbst definiert wird. Er ist damit sozusagen der Ultimative, der alle menschlichen Kategorien übersteigt. Der Name, der sein Wesen beschreiben soll, weist in Wirklichkeit über alle menschlichen Vorstellungen hinaus und zeigt, dass Gottes Wesen nicht durch ein einfaches Wort erfasst werden kann. Und dennoch zeigt die Erklärung in 2. Mose 3,14, dass dieser unfassbare Gott sich Menschen zuwendet, sich ihnen erweist und ein Gott ist, der zu den Menschen kommt und ihnen Rettung bringt. Diese Spannweite ist es, die der Name „Jahwe“ trägt. Jahwe ist der ultimative, einzigartige Gott, dem keiner gleicht, mit dem keiner konkurrieren kann, dessen Ruhm niemand ermessen kann, und der dennoch wie keiner sonst auf die Menschen achtet, sich ihnen zuwendet und ihnen Rettung anbietet.[6]

Der Ruhm eines Namens

Vor diesem Hintergrund verwundert es nicht, dass der Name in der Exodusgeschichte, die den Zehn Geboten direkt vorausgeht, eine besondere Rolle spielt. Nachdem Gott Mose den Namen „Jahwe“ erklärt hat (2Mo 3,13-15), geht Mose in diesem Namen zum Pharao (2Mo 5,23). Der Pharao allerdings kennt diesen Namen nicht und stellt demnach auch die Macht Gottes infrage: „Wer ist Jahwe, dass ich auf seine Stimme hören sollte?“ (2Mo 5,2). Er sollte es erfahren, und zwar auf die harte Tour. Gott hätte den Pharao sofort vernichten können und hätte nicht erst zehn Plagen gebraucht, um sein Volk zu befreien. Doch er benutzte sowohl den Pharao als auch die Plagen dazu, seinen Namen bekannt zu machen: „Ich will alle meine Plagen in dein Herz senden, … damit du erkennst, dass niemand auf der ganzen Erde mir gleich ist. … Eben deshalb habe ich dich bestehen lassen, um dir meine Macht zu zeigen, und damit man auf der ganzen Erde meinen Namen verkündigt" (2Mo 9,14.16). Die Plagen sollen aufs Deutlichste veranschaulichen, wen genau man mit diesem „Jahwe" vor sich hat. Und genau das war das Resultat: Als Israel aus Ägypten befreit ist, besingen die Israeliten bewusst den Namen „Jahwe" in einem Loblied, weil er sich vor allen Völkern als großer, mächtiger Gott erwiesen hat, der sein Volk rettet (2Mo 15,16) und sich dabei mit aller Macht gegen diejenigen stellt, die das verhindern wollen. Der Name Gottes ist also groß durch die Erlösung, die er bewirkt hat. Dieser Name steht für sein Wesen.

Im dritten Gebot geht es darum, wie man mit diesem Namen Gottes umgeht. Den Namen zu rühmen, zu nennen und zu erheben bedeutet, Gott in seinem Wesen und seinem Handeln zu rühmen und zu erheben. Wer diesen Gott kennt, wird alles, was Gott ist und tut, vor Augen haben, wenn er diesen Namen nennt. Der Gebrauch des Namens im alltäglichen Reden spiegelt also ganz wesentlich die Beziehung wider, die ein Israelit zu Jahwe hat. Wie er von Jahwe denkt und fühlt, zeigt sich darin, wie er den Namen gebraucht. Es wäre daher ein Unding, diesen Namen in egoistischer oder gedankenloser Weise zu gebrauchen. Und genau darum geht es im dritten Gebot. Wer würde schon den Namen des größten, faszinierendsten, mächtigsten und ehrwürdigsten Wesens, das es im und jenseits des Universums gibt, geringschätzig, abwertend oder selbstsüchtig gebrauchen? Und vor allem dann, wenn man zu diesem Gott auch noch eine Liebesbeziehung hat, wie ja im Kontext vor dem dritten Gebot so deutlich betont wurde? Niemand spricht abfällig von seinem Geliebten, also sollte man das bei Gott erst recht nicht tun. Das aber führt zu der Frage, was es denn eigentlich genau ist, was man vermeiden sollte – was bedeutet „zu Nichtigem gebrauchen" eigentlich?

Den Namen zu Nichtigem gebrauchen

Zunächst muss festgehalten werden, dass die jüdische Tradition, den Namen Gottes *gar nicht* zu gebrauchen, nicht dem Sinn des Gebotes entspricht. Das dritte Gebot will nicht dazu anleiten, das Aussprechen des Namens „Jahwe" zu verbieten. Im Gegenteil: Es ist nach

2. Mose 3,15; 9,16; 34,6-7 sogar notwendig, dass der Name Gottes ausgesprochen wird. Wenn man bedenkt, dass Gott explizit will, dass sein Name auf der ganzen Erde bekannt gemacht wird (2Mo 9,16), so ist ein völliger Verzicht auf den Namen überhaupt nicht im Sinne Gottes.[7] Außerdem muss festgehalten werden, dass es hier nicht nur darum geht, den Namen Gottes unpassend *auszusprechen*, sondern darum, ihn in gar keiner Weise zu Nichtigem zu *gebrauchen*. Das kann auch durch Schrift, Bild oder eine Tat geschehen. Und schließlich ist vor dem Hintergrund, dass ein Name im Alten Testament für die ganze Person in ihrer Identität und ihrem Wesen steht, wichtig zu bedenken, dass sich das Gebot nicht nur auf den Namen „Jahwe" beschränkt, sondern auch dann verletzt wird, wenn man einen anderen Namen oder generell das Wesen, Handeln oder Reden Gottes für nichtige Zwecke verwendet.

Aber um was geht es dann? Mit „zu Nichtigem gebrauchen" ist ganz breit und allgemein ein leerer, nichtiger, sinnloser, falscher oder boshafter Ge- und Missbrauch des göttlichen Namens – ja, seiner ganzen Person – gemeint. Damit ist alles gemeint, wofür man Gott, seinen Namen oder seine Person ins Feld führt, das nicht zu Gott und seinem Wesen passt. Ein offensichtlicher Verstoß gegen das dritte Gebot wäre natürlich die Lästerung seines Namens oder der Spott über Jahwes Wesen und seine Taten. Es wäre genauso falsch, sich bei einem falschen Schwur vor Gericht auf Gott zu berufen oder Gott zum Zeugen anzurufen, wenn man eine Lüge äußert. Das alles wäre ein Gebrauch des göttlichen Namens zu Nichtigem.

Gott für eigene Zwecke benutzen

Doch das dritte Gebot umfasst noch mehr. Wenn man bedenkt, wie gewichtig der Name Gottes ist und wofür er steht, dann ist auch jede Verwendung ein Missbrauch, die den Namen für egoistische oder selbstsüchtige Zwecke gebraucht. Eine Rede von Gott, die nur der eigenen Anerkennung dient, oder die Anrufung Gottes zur eigenen Bereicherung wären ein solcher Fall. In alttestamentlicher Zeit ist es eine große Ehre, im Namen einer mächtigen Person unterwegs zu sein. Doch der Name Gottes ist nicht der Name eines Königs, sondern der, dem überhaupt erst alle Menschen ihren Namen und ihr Leben verdanken. Er ist der Name der Namen, weil dahinter der steht, der den Menschen geschaffen und ihm erst seinen Namen gegeben hat (1Mo 5,2). Wer diesen Namen im Mund führt oder in anderer Weise gebraucht, soll das in dem Bewusstsein tun, wer dahinter steht. Es wäre also auch nicht im Sinne des Gebotes, Gott und die Beziehung zu ihm nur als Lebenshilfe oder zur Erfüllung eigener Wünsche zu gebrauchen, ohne an der Person Gottes interessiert zu sein. Auch das wäre ein Gebrauch des gewichtigen Namens und der dahinter stehenden Person Gottes in einer nicht angemessenen und damit nichtigen Weise.

Heiliges und Profanes trennen

Jedes der Zehn Gebote steht neben seiner Kernbedeutung auch stellvertretend und musterhaft für einen gesamten Bereich. Als solches Muster steht das dritte Gebot außerdem für alle Handlungen, bei denen Heiliges mit Unheiligem in unpassender Weise verbunden wird. Das schlimmste Vergehen in diesem Bereich ist es, den Namen Gottes zu entweihen. Doch damit steht das Gebot stellvertretend für eine ganze Reihe von anderen Handlungen in Israel, in denen eine ähnliche Grenzüberschreitung stattfinden konnte. Das war dann der Fall, wenn man Erstlingsfrüchte nicht an Gott abgab, die Feste in unwürdiger Weise besuchte, sich ohne Befugnis ins Heiligtum begab oder ein krankes Tier für ein Opfer verwendete.

Ein Nachsatz

Das dritte Gebot enthält außerdem einen Nachsatz, der das Gebot noch einmal bekräftigt: „Denn Jahwe wird den nicht ungestraft lassen, der das tut" (2Mo 20,7). Wer sich in Israel in krasser Weise gegen Gott vergeht und seinen Namen in den Schmutz zieht, muss mit Konsequenzen rechnen. Doch welche das sind, wird hier nicht genannt. Das heißt auch, dass nicht jeder Missbrauch des göttlichen Namens gleich mit der härtesten nur denkbaren Strafe bestraft wird, sondern dass Gott individuell wählen kann und wird, wie er seinen Namen schützt. Hier ist es besonders wichtig, sich an den heilsgeschichtlichen Kontext des Gebotes zu erinnern. Gott spricht diese Worte zu Israel als dem Volk, für das auch die Strafen im Alten Testament eine spezielle Funktion hatten. Bei der Übertretung der Gebote diente der Bundesfluch, wie er in 3. Mose 26,14-39 und 5. Mose 28,15-68 ausgeführt wird, zur kollektiven Zurechtbringung und Bestrafung des Volkes. Insofern kann man diesen Aspekt nicht eins zu eins auf eine heutige Situation übertragen. Auch heute soll ein Christ durch sein Leben keinen Anlass geben, dass der Name Gottes verlästert wird (1Tim 6,1). Aber es ist interessant, dass Gott den ganzen Fluch des Gesetzes (Gal 3,13) - auch dafür, seinen Namen in falscher Weise ins Feld geführt zu haben - durch den richtete, der den Namen Gottes trug: Jesus. Am Kreuz hat Gott selbst in seinem Sohn den größten Spott und die größte Lästerung getragen, die man sich nur vorstellen kann. Die Strafe für einen falschen Gebrauch des göttlichen Namens ist also abgegolten. Aber weil das durch Jesus geschah, dessen Name „Jahwe rettet" bedeutet, sollte das nicht zu einem leichtsinnigen, sondern umso stärker zu einem von Dankbarkeit und Ehrerbietung geprägten Umgang mit Gott, seinem Wesen und seinem Namen führen. Würde man es positiv formulieren, steht hinter dem dritten Gebot ein Ideal, nämlich Jahwe, seinem Wesen sowie der Erwähnung seiner Person und seines Namens mit großer Wertschätzung, Liebe und dem gebührenden Respekt zu begegnen. Im Kern geht es darum, sich bewusst zu machen, wer Gott ist - und dies durch sein Verhalten deutlich werden zu lassen. Die Erkenntnis Gottes wird dann zwangsläufig dazu führen, dass man eine Grenze zwischen dem Heiligen und für die Gegenwart Gottes unpassenden Verhaltensweisen zieht. Im Kern geht es also um die Person Gottes selbst. Es verwundert nicht, dass im nächsten Gebot tatsächlich der Mittelpunkt der Zehn Gebote erreicht ist und dass das Wort, das in allen Geboten sprichwörtlich im Mittelpunkt steht, der Name „Jahwe" ist. In diesem Zusammenhang geht es genau darum, das von Gott Geheiligte in richtiger Weise zu gebrauchen. Man darf gespannt sein (oder direkt weiterlesen)!

Anmerkungen

1 Siehe zu diesem Bezug T. D. Alexander, *Exodus* (Apollos Old Testament Commentary; London: Apollos, 2017), S. 408.

2 Hier sollen nur zwei Beispiele für eine solche Umbenennung genannt werden: Indem Gott *Abram* in *Abraham* umbenennt, gibt er diesem eine völlig neue Identität als Träger der Verheißung für eine große Menge (1Mo 17,5). Im selben Kontext bestellt er ihn zu einem königlichen Repräsentanten, der in der Gegenwart Gottes leben und ihn auf untadelige Weise repräsentieren soll (das ist der Sinn im Wortlaut von 1Mo 17,1). Außerdem beansprucht Gott damit, die Autorität, Fürsorge und Verantwortung für und über Abraham ausüben zu können, wie er es bei den Elementen der Schöpfung durch die Namensgebung tat (1Mo 1,5.8.10). Der Bezug durch die Schöpfung wird dadurch hervorgehoben, dass in 1Mo 17,6 der Auftrag an Adam, „fruchtbar zu sein" und „sich zu mehren", wiederholt wird (vgl. 1Mo 1,28) – nun aber nicht als Auftrag, sondern als Verheißung. Durch die Umbenennung bekommt Abraham also eine neue Identität als Repräsentant und Segensträger für viele Nationen in Gottes Heilsplan.

Ein zweites Beispiel für eine Umbenennung sind Daniel und seine Freunde, die von den Babyloniern neue Namen bekommen (Dan 1,7). Das ist ein gezielt symbolischer Akt, durch den die Babylonier ausdrücken möchten, dass die jungen Männer nun keine Israeliten mehr sind, sondern zu Babyloniern geworden sind und nun der Autorität der neuen Herrscher und der babylonischen Götter (deren Namen in den neuen Namen enthalten sind) unterstehen. Der babylonische König will ihnen damit seinen Stempel aufdrücken und ihr Wesen durch die nachfolgende Ausbildung völlig ändern. Erst vor diesem Hintergrund wird verständlich, weshalb Daniel und seine Freunde sich dieser Vorgehensweise in einem symbolträchtigen Bereich (dem Essen) widersetzen (Dan 1,8-16).

3 Eine immer noch wertvolle Sammlung der Bezeichnungen und Namen Gottes ist A. Meister, *Namen des Ewigen* (Dübendorf: Mitternachtsruf, 2006[2]).

4 Vgl. dazu auch R. L. Harris, G. L. Archer und B. K. Waltke, *Theological Wordbook of the Old Testament* (Chicago: Moody, 1999), S. 211–212.

5 Vgl. dazu auch P. Enns, *Exodus* (The NIV Application Commentary; Grand Rapids: Zondervan, 2000), S. 174.

6 Vor diesem Hintergrund müsste man geradezu auf die Idee kommen, dass der Name, der Gottes Wesen am besten beschreibt, eine Verbindung dieser Aspekte sein müsste, etwa in der Form „Jahwe ist Rettung". Und so ist es: Diesen Namen gibt es, er heißt auf Hebräisch *Jahwe-hoschea* oder in Kurzform *Jehoschua* bzw. *Jeschua* und wird im Deutschen mit „Jesus" wiedergegeben. Dieser Name umfasst sämtliche Wesenszüge Gottes – seine Unvergleichlichkeit und Zugewandtheit als Rettergott. Wen wundert es, dass gerade dieser Name im Neuen Testament so betont wird (vgl. etwa Apg 4,12; Phil 2,9-10; Hebr 1,4)!

7 So auch T. E. Fretheim, *Exodus* (Interpretation; Louisville: John Knox, 1991), S. 228–229.

DAS VIERTE GEBOT: HEILIGE ZEITEN BEACHTEN (2MO 20,8-11)

Denke an den Sabbattag, um ihn heilig zu halten. Sechs Tage sollst du arbeiten und all deine Arbeit tun, aber der siebte Tag ist Sabbat für Jahwe, deinen Gott. Du sollst an ihm keinerlei Arbeit tun, du und dein Sohn und deine Tochter, dein Knecht und deine Magd und dein Vieh und der Fremde bei dir, der innerhalb deiner Tore wohnt. Denn in sechs Tagen hat Jahwe den Himmel und die Erde gemacht, das Meer und alles, was in ihnen ist, und er ruhte am siebten Tag; darum segnete Jahwe den Sabbattag und heiligte ihn.

Der Dreh- und Angelpunkt

Während die ersten beiden Gebote mit Gott selbst zu tun haben, drehen sich das dritte und das vierte Gebot um den Umgang mit dem Heiligen. Das betrifft im dritten Gebot den Namen Gottes, im vierten hingegen die heiligen Zeiten. Doch das Sabbatgebot sticht in mehrerer Hinsicht unter den Geboten heraus: Zum einen ist es das längste aller Gebote. Da die Länge der Gebote nicht gleichmäßig ist, fällt das Sabbatgebot außerdem auch genau auf die Mitte der Zehn Gebote. Zählt man einmal die Worte, so bildet das Wort „Jahwe" in 2. Mose 20,10 genau die Mitte der Gebote.[1] Ist das Zufall? Man muss zwangsläufig daran denken, dass Jahwe natürlich nicht nur in Bezug auf die Worte, sondern auch inhaltlich tatsächlich der Mittelpunkt der Zehn Gebote ist! Natürlich kann man gleich schon vermuten, dass das natürlich auch die Mitte der neun Erwähnungen von „Jahwe" im Dekalog ist (vier Erwähnungen davor, vier danach). Gott ist also sprichwörtlich der Mittelpunkt des Dekalogs. Gleichzeitig kann aber auch das Sabbatgebot als Ganzes in gewisser Hinsicht als Mittelpunkt der Zehn Gebote angesehen werden. Das Sabbatgebot ist außerdem das einzige Gebot, das sowohl ein positiv formuliertes Gebot („Denke an den Sabbattag") als auch ein negativ formuliertes Gebot („Du sollst an ihm keinerlei Arbeit tun") enthält. Warum ist das so? Weshalb ist gerade das Sabbatgebot im Dekalog so wichtig?

Sonderstellung des Sabbatgebotes

Um die Sonderstellung des Sabbatgebotes zu verstehen, ist ein kleiner Blick auf den Kontext der Zehn Gebote notwendig. Wie bereits in der Einleitung deutlich wurde, ist der Dekalog der Beginn einer Urkunde eines Bundes, den Gott mit Israel schließt. Wenn im Alten Vorderen Orient ein Bund geschlossen wurde, so war dafür nicht nur eine ganz besondere Zeremonie, sondern auch ein Bundeszeichen notwendig.[2] Das Bundeszeichen symbolisierte den Bund, ähnlich wie heute der Ehering beim Eheschluss. Beispielsweise ist das Bundeszeichen des Bundes von Gott mit Noah der (Regen-)Bogen, weil er symbolisch dafür steht, dass Gott seinen (Kriegs-)Bogen in die Wolken stellt und damit Frieden für die Erde vor einem weiteren Gericht durch die Wasserwolken zusagt (1Mo 9,12-15). Ähnlich ist das mit dem Zeichen des Bundes mit Abraham, der Beschneidung, weil damit symbolisiert wird, dass nur Gott Abraham Nachkommen erwecken kann (1Mo 17,11-14).[3] Was ist nun das Zeichen des Bundes, den Gott mit Israel am Sinai schließt? Natürlich: der Sabbat! Das geht deutlich aus 2. Mose 31,16-17 hervor: „So sollen denn die Söhne Israel den Sabbat halten … als ewigen Bund. Er ist ein Zeichen zwischen mir und den Söhnen Israel".[4] Das bedeutet, dass der

Sabbat gerade für Israel eine ganz wichtige Bedeutung hatte, weil er symbolisch stellvertretend für den gesamten Bund stand. Wer den Sabbat hielt, machte damit deutlich, dass er den ganzen Bund halten wollte. Umgekehrt war es nicht denkbar, den Bund ohne den Sabbat zu halten. Das heißt also: Den Sabbat zu halten und unter dem Sinaibund zu stehen, sind gleichbedeutend. Deshalb wäre es auch merkwürdig, wenn ein Mensch außerhalb von Israel den Sabbat halten würde, weil er damit beansprucht, Teil dieses Bundes zu sein – ähnlich wie es heute merkwürdig wäre, wenn jemand absichtlich exakt denselben Ehering wie ich und meine Frau tragen würde, um auszudrücken, dass er Teil dieser Ehebeziehung ist. Das wäre merkwürdig. Bei der Sonderrolle des Sabbats in den Zehn Geboten stößt man also schon auf den wesentlichen Grund, weshalb Heidenchristen in neutestamentlicher Zeit den Sabbat nicht halten mussten: Sie standen ganz einfach nicht unter dem Sinaibund! Dieses und nur dieses Gebot hat also in den Zehn Geboten eine Funktion, die so eng an das Volk Israel und seine Stellung im Sinaibund geknüpft ist, dass es nicht allgemeingültige moralische Grundsätze Gottes vermittelt, sondern nur von denen eingehalten werden muss und soll, die unter dem Sinaibund stehen.[5] Das führt aber zurück zu der schon angesprochenen Frage: Weshalb ist gerade der Sabbat von so großem symbolischen Wert, dass er das Bundeszeichen ist? Dazu lohnt sich ein Blick darauf, was der Sabbat für Israel ist.

Ruhe

Eine häufige Verwechslung besteht darin, den Sabbat mit dem siebten Schöpfungstag gleichzusetzen. Das ist aber nicht der Fall, auch wenn der Sabbat natürlich auf den siebten Tag der Woche fiel. Als Gott die Schöpfung vollendete, heiligte er den siebten Tag (1Mo 2,2-3). Der siebte Tag steht also für Vollendung, für den heiligen und abgesonderten Bereich. Doch der Ausdruck „Sabbat“ wird in diesem Zusammenhang noch nicht erwähnt, sondern fällt erst wesentlich später – nämlich erst nach der Herausführung Israels aus Ägypten (2Mo 16,23-29).[6] Der „Sabbat“ ist damit mehr als der siebte Tag der Woche, nämlich eine besondere Einrichtung für Israel, diesen siebten Schöpfungstag auf eine besondere Weise symbolisch hervorzuheben. Adam und Eva kannten also den siebten Schöpfungstag oder den siebten Tag der Woche, aber noch nicht den Sabbat. Was zunächst wie eine spitzfindige Unterscheidung wirkt, ist von großer theologischer Bedeutung in der Einordnung des Sabbats: Der Sabbat ist nicht notwendig an die Schöpfung gebunden, sondern eine bestimmte Symbolik für ein bestimmtes Volk zu einer bestimmten Zeit in einer bestimmten Situation. Er steht für das Volk Israel als Symbol für den Bund. Wäre das anders, müsste jeder Mensch zu jeder Zeit den Sabbat halten.[7] Das ist offensichtlich aber nicht die Absicht Gottes. Doch wofür steht der Sabbat als Einrichtung Israels nun genau?

Heilige Nähe und Gemeinschaft

Obwohl der Kontrast zwischen Heiligem und einer fehlenden Abgrenzung zum Unheiligen schon beim Namen Gottes gedanklich enthalten war, wird erst beim Sabbatgebot der Begriff „heiligen" explizit gebraucht. Übrigens kommt der Begriff „heilig/heiligen" beim siebten Schöpfungstag überhaupt zum ersten Mal in der Bibel vor (1Mo 2,3). Das ist interessant, weil man eigentlich erwarten würde, dass der Begriff „heilig" zum ersten Mal für Gegenstände oder das *Heiligtum* Gottes, also seinen Wohnort und die damit verbundenen Gegenstände gebraucht würde. Dieser Gedanke ist gar nicht so falsch, denn in gewisser Weise steht der Sabbat nämlich für einen heiligen Bereich, in dem nichts anderes als Gott selbst im Mittelpunkt steht und nichts von ihm und seiner Person ablenken soll und darf.[8] Obwohl also der siebte Schöpfungstag und der Sabbat nicht exakt dasselbe sind, wird der Sabbat im vierten Gebot mit der Schöpfung in Verbindung gebracht: „Denn in sechs Tagen hat Jahwe den Himmel und die Erde gemacht, das Meer und alles, was in ihnen ist, und er ruhte am siebten Tag; darum segnete Jahwe den Sabbattag und heiligte ihn" (2Mo 20,11).[9] Der Sabbat soll also in Israel eine ähnliche Funktion haben wie der siebte Tag bei der Schöpfung. Er steht für Vollendung, für eine Zeit der Konzentration auf das, was

Gott getan hat, für eine Zeit ohne Ablenkung durch Arbeit und für eine Zeit der Ruhe in der Gemeinschaft mit Gott. Als Adam geschaffen wurde, erlebte er als ersten vollständigen Tag auf der Welt diesen siebten Schöpfungstag.[10] Während diese völlige Ruhe in der Gemeinschaft mit Gott durch den Sündenfall zerstört wurde, schenkt Gott dem Volk Israel den Sabbat, um etwas Entscheidendes auszudrücken: Durch die Erlösung wird die Ruhe in der Gemeinschaft mit Gott wieder neu möglich. Und daran wird Israel in jeder Woche durch den Sabbat neu erinnert.

Erlösung

Der Sabbat steht damit also symbolisch für die Erlösung. Das wird nicht nur daran deutlich, dass im fünften Buch Mose, in dem das Gesetz wiederholt wird, der Sabbat nicht mit der Schöpfung, sondern mit der Erlösung verbunden wird (5Mo 5,15). Doch der Gedanke der Erlösung ist bereits im Kontext von 2. Mose 20–23 enthalten, denn auch das Bundesbuch (2Mo 20,22–23,33), das gewissermaßen eine Erklärung und Erläuterung des Dekalogs ist, verbindet den Sabbat ganz wesentlich mit Befreiung aus der Sklaverei, Ruhe und Erlösung (2Mo 21,1-11; 23,10-12). Der Sabbat steht also dafür, dass Gott Israel aus Ägypten erlöst und befreit hat und es erst auf dieser Grundlage in den Bund eintreten konnte. Der Sabbat steht also für Israel als symbolische Erinnerung an den Exodus und den Bund, und er ist genau deshalb für Israel das *Bundeszeichen*.

Arbeit und Ruhe

Der Sabbat steht also symbolisch für die Ruhe und die Gemeinschaft mit Gott, in die Israel durch die Erlösung aus Ägypten gekommen ist und die jener Ruhe und der Gemeinschaft gleicht, die der Mensch vor dem Sündenfall im Paradies erlebte. Deshalb beginnt das Sabbatgebot auch mit zwei Aufforderungen: „*Denke* an den Sabbattag, um ihn *heilig zu halten*" (2Mo 20,8). Interessant dabei ist, dass das Sabbatgebot in erster Linie keine Handlung, sondern eine Haltung fordert. Es beginnt nicht mit einer „Du-sollst-nicht"-Formulierung, sondern ist zusammen mit dem fünften Gebot eines der positiv formulierten Gebote in der strukturellen Mitte des Dekalogs. Was meint „Denke an den Sabbattag"? Ist damit eine bloße Erinnerung gemeint, also ein Eintrag im Kalender? Nein, „denken" meint wesentlich mehr, als sich an einen Termin zu erinnern. Es meint, in eine Haltung der Ruhe, der Erinnerung und der gedanklichen Offenheit einzutreten. Im Hebräischen ist hier eher gemeint, „dankbar an eine Tatsache oder Wahrheit zu denken, um sein Tun danach zu bestimmen".[11] Hier wird zum ersten Mal in den Zehn Geboten deutlich eine Haltung und eine Tätigkeit des *Geistes* angesprochen. Es geht also um mehr als um ein *Tun*, es geht darum, den Sabbat im Gedenken an Gottes Erlösung zu *vollziehen*. Das Sabbatgebot fordert eine Haltung, die sich der Erlösung bewusst ist und daran denkt, dass Gott diese Ruhe erst möglich gemacht hat und so die Schöpfung wieder zu dem geführt hat, was er sich für sie ausgedacht hat. Der Sabbat hat in Israel in erster Linie also gar nicht damit zu tun, keinerlei Arbeit zu verrichten (wie häufig gedacht wird), sondern mit einer inneren Einstellung. Die Arbeit wird überhaupt erst anschließend in der Formulierung „sechs Tage sollt du arbeiten" (2Mo 20,9) erwähnt – und zwar scheinbar sogar als Aufforderung für die anderen Tage der Woche. Arbeit wird hier nicht als etwas Negatives angesehen, sondern als etwas Positives und Normales.[12] Wichtig ist aber, dass ein gesunder Wechsel zwischen Arbeit und Ruhe eingehalten wird, deshalb heißt es in der Fortsetzung: „Aber der siebte Tag ist Sabbat für Jahwe, deinen Gott" (2Mo 20,10). Der Sabbat dient also in erster Linie der Konzentration auf Gott. Das wird dadurch deutlich, dass der Sabbat „für" Gott da ist. Außerdem wird hier wieder die aus dem Prolog (2Mo 20,2) bekannte Formulierung „Jahwe, dein Gott" verwendet, die für die innige Beziehung durch den Bund und die Erlösung Israels steht.

Absolut erstaunlich

Die Ruhe am Sabbat ist für Israel daher keine Last, sondern ein Privileg. Wie außergewöhnlich sie ist, wird deutlich, wenn man sie mit der damaligen und heutigen Zeit und Umwelt vergleicht. Drei Dinge sind hier absolut bemerkenswert: Zum einen waren in der Zeit des Alten Testaments analog zur heutigen Zeit Arbeit und Freizeit in der Gesellschaft nicht gleich verteilt. Wenige konnten es sich leisten, nicht arbeiten zu müssen, während andere für sie arbeiteten. Doch in Israel wurde Arbeit nicht zwischen „Menschen, z. B. Herren und Sklaven, verteilt, sondern zwischen Arbeitstagen und Ruhetagen“[13]! Oder anders gesagt: In Israel werden am Sabbat, der symbolisch für die Erlösung steht, alle von Sklaven zu Privilegierten, Reichen und Beschenkten – und zwar unabhängig von ihrer Stellung, ihrem Einfluss oder ihrem Wohlstand in der Gesellschaft! Gibt es ein schöneres Bild dafür, was Erlösung bewirkt?

Ein zweiter Fakt zum Staunen: Weder der Alte Vordere Orient noch die Antike kennen eine Woche von sieben Tagen. Es gibt zwar kleinere Einheiten von drei, fünf, acht, neun oder zehn Tagen, aber keine Woche, wie wir sie kennen. Woher kommt dann der Wochenrhythmus, der heute auf der ganzen Welt so selbstverständlich ist? Forscher zerbrechen sich bis heute die Köpfe, wo die Ursprünge des Sabbats liegen könnten. Das Ergebnis ist eindeutig: Es gibt außer dem Alten Testament keinerlei Anhaltspunkte.[14] Der Wochenrhythmus geht auf die Schöpfung zurück, allerdings scheinen die Israeliten in Ägypten keine Wochenstruktur mehr verfolgt zu haben. Damit geht der Wochenrhythmus in Israel, aus dem sich der heutige in der ganzen Welt geläufige Wochenrhythmus ableitet, auf das vierte Gebot zurück![15] Es sind genau diese Worte in 2. Mose 20,8-11, ohne die es heute keine Woche gäbe.[16]

Und noch ein letzter erstaunlicher Aspekt: Im Sabbatgebot werden Männer und Frauen gleichermaßen angesprochen. Neben dem „Sklaven“ wird auch die „Sklavin“ und neben dem „Sohn“ auch die „Tochter“ explizit genannt (2Mo 20,10). Das ist deshalb bemerkenswert, weil das wegen der musterhaften Funktionsweise des alttestamentlichen Gesetzes nicht notwendig gewesen wäre (jeder hätte bei der Nennung eines „Sklaven“ gewusst, dass die Sklavin genauso gemeint ist). Warum also werden sie genannt? Die explizite Nennung zeigt, dass in der Erlösung, für die der Sabbat symbolisch steht, alle gleich beteiligt sind – Mann und Frau, Sklave und Sklavin, Sohn und Tochter haben in gleicher Weise Anteil an der Erlösung. Weder Geschlecht noch soziale Stellung machen hier einen Unterschied. Es ist nicht nur verblüffend, wie aktuell dieser Text ist, sondern auch, dass schon im Alten Testament dasselbe Prinzip ausgedrückt wird, das Paulus schließlich im Neuen Testament in Galater 3,28 in Bezug auf die Erlösung in Jesus Christus formuliert.

Verantwortung für andere

Wenn man genau hinschaut, entdeckt man allerdings doch Unterschiede darin, wer in den Zehn Geboten besonders angesprochen wird. Im Sabbatgebot wird das besonders deutlich. Obwohl sich die Zehn Gebote als öffentliche Rede Gottes vom Berg herab an jeden einzelnen Israeliten richten, ist eine bestimmte Gruppe von Personen direkter angesprochen als andere. Das sieht man, wenn man sich die Person, die in den Zehn Geboten angesprochen wird, mal etwas genauer ansieht: Es ist jemand, der einen Sohn, eine Tochter, Knechte, Mägde und Vieh hat (2Mo 20,10). Es ist außerdem jemand, der noch lebende Eltern hat, der alt genug ist, vor Gericht aufzutreten (2Mo 20,16), und der stark genug ist, um zu morden (2Mo 20,13). Mit anderen Worten: Dieser Jemand ist ein Familienoberhaupt im besten Alter. Er hat bereits Kinder, aber seine Eltern leben noch. Er trägt bereits Verantwortung für das Familienanwesen mit Knechten, Mägden und Vieh.

Das weist darauf hin, dass Gott diejenigen besonders anspricht, die eine besondere Verantwortung tragen. Der Grund dafür ist nicht schwer zu erkennen: Wenn ein Knecht den Sabbat einhalten will, sein Herr es ihm aber nicht erlaubt, gibt es Schwierigkeiten. Umgekehrt funktioniert es aber gut: Wenn ein Familienoberhaupt der ganzen Familie und aller Knechte den Sabbat einhält, kann das ganze Anwesen ruhen, und Gottes gute Prinzipien kommen allen zugute. Ganz ähnlich ist das auch mit allen anderen Bereichen, in denen das Familienoberhaupt Verantwortung hat. Das zeigt: Wer mehr Verantwortung hat, kann diese in größerem Maße zum Guten für andere gebrauchen oder missbrauchen. Gott möchte Familienoberhäupter, die sich gut um ihre Familien, ihre Häuser und ihren Verantwortungsbereich im Leben kümmern, indem sie in allen Lebensbereichen Gottes Maßstäbe anlegen. Daher spricht Gott zuerst sie an, auch wenn natürlich alle anderen Israeliten ebenso gemeint sind.

Die Schwachen beschützen

In dieser Anordnung kommt noch ein anderes Prinzip zum Vorschein, das sich auch durch die in 2. Mose 20–24 folgenden Gebote ziehen wird: Es werden vor allem diejenigen angesprochen, die in der Gesellschaft eine Position der Stärke und des Einflusses haben, weil sie besonders gefordert sind, sich um die anderen zu kümmern. In allen Gesetzen, in denen es um Sklaven geht, werden nur die Sklavenherren angesprochen. In allen Gesetzen, in denen es um Ruhe geht, werden vor allem diejenigen angesprochen, die die Macht haben, diese Ruhe zu gewähren oder zu verweigern. So ist es auch im vierten Gebot: Gott spricht den an, der Macht hat, weil *dieser* sich um die Schwachen kümmern muss. In Gottes Volk soll sich der Starke seiner besonderen Verantwortung für den, der weniger Kraft oder Möglichkeiten hat als er, bewusst sein! Er muss und soll das tun, was der Untergebene nicht von selbst entscheiden und tun kann.

Aber ist so ein Gebot nicht eigentlich überflüssig? Ein Volk, das gerade aus der Sklaverei erlöst wurde, sollte doch eigentlich sehr gut verstehen, wie ein Knecht gern behandelt werden will. Warum tun wir uns als Menschen dann oft so schwer damit? Es ist, als ob Gott voraussehen würde, dass die Situation in der Sklaverei schnell vergessen ist und ein israelitisches Familienoberhaupt schon bald so tut, als wäre es das Maß aller Dinge und hätte sich den Einfluss verdient. Ein solcher Missbrauch von Macht liegt uns Menschen leider im Blut. Es ist besonders traurig, dass es ihn sogar dort gibt, wo Erlöste zusammenleben. Das vierte Gebot zeigt, wie falsch das ist. Vor Gott sind alle vom Tod Erlöste Knechte, die im mitmenschlichen Verhalten genau das zeigen sollen: Sie sollen sich um die kümmern, die ebenfalls schwach sind. Wer in Israel Knechte hat und diese beschäftigt, soll sich ihnen gegenüber also genau so verhalten, wie sich Gott den Israeliten gegenüber verhalten hat: Er soll ihnen im Sabbat symbolisch die Auswirkungen der großen Erlösung Gottes zeigen, die er selbst erlebt hat.

Keimzellen einer funktionierenden Gemeinschaft

Das Familienoberhaupt im besten Mannesalter war in Israel das Rückgrat der Gesellschaft. Es bestimmte über die gesamte Großfamilie und war für viele Menschen verantwortlich. Für Gott ist es besonders wichtig, dass diejenigen, die Verantwortung für und Einfluss auf andere haben, ihm dienen. Denn wenn das Familienoberhaupt innerhalb der eigenen Familie dafür sorgt, dass Gottes weise Lebensprinzipien eingehalten werden, entsteht eine kleine Zellgruppe der Gesellschaft, die unabhängig von den Umständen treu mit Gott lebt – selbst wenn die Nachbarfamilie Gott nicht treu ist! Diese Keimzellen schützen das Volk, weil jeder in seinem Bereich verantwortlich ist. Kein Richter, König oder falscher Prophet kann mit funktionierenden Keimzellen das ganze Volk zum Abfall oder zur Untreue Gott gegenüber verführen. Aber umgekehrt setzt sich aus vielen solcher lebendigen Familienzellen schließlich eine Sippe, ein Stamm und ein ganzes Volk zusammen, das Gott treu ist. Diese Abfolge, die Gott ganz bewusst im Aufbau der Gebote angelegt hat, ist wichtig: Die Treue zu Gott fängt im ganz persönlichen Bereich an, nämlich beim persönlichen Verhältnis zu Gott und zu seiner Anbetung (2Mo 20,3-7). Erst dann kann sie sich innerhalb des Hauses (V. 8-12) und schließlich auch dem Nächsten gegenüber (V. 13-17) zeigen. Wenn man diese Reihenfolge umdrehen will, kommt es zu einem oberflächlichen Gehorsam, der mit der Herzenseinstellung nicht mehr viel zu tun hat.

Gott will das Beste

Ein weiterer Aspekt ist hier interessant: Die Gebote weisen auf eine ideale Situation hin, in der die Israeliten schließlich im Land Israel wohnen sollen (vgl. die „Tore“ in 2Mo 20,11 oder das „Land“ in 2Mo 20,12) – auch wenn sie noch in der Wüste sind. Warum hat Gott nicht einfach die Gebote so gegeben, dass sie besser auf das Leben in der Wüste gemünzt waren? Oder warum hat er nicht die Gebote so formuliert, dass sie das Leben in Armut, Gefährdung oder Unterdrückung widerspiegeln, die in der Geschichte Israels oft genug Realität waren? Hätte das nicht viel besser für die meiste Zeit der Geschichte Israels gepasst? Die Antwort liegt vermutlich ganz einfach darin, dass Gott in den Geboten einen Idealzustand sieht und vorstellt, der durch das Halten der Gebote Wirklichkeit wird. Gott zeigt damit den in der Wüste lebenden Israeliten, dass er ganz fest davon ausgeht, dass sie in das Land einziehen und in gebauten Häusern, reichen und wohlsituierten und gut funktionierenden Großfamilien leben werden, in denen auch Arme, die in Schuldknechtschaft geraten sind, und sogar Fremde beschützt und versorgt werden. Gott will und wird das tun! Und das ist auch die Botschaft für Israel, selbst wenn das Volk aufgrund seines Ungehorsams durch Feinde unterdrückt oder geknechtet wird: Gott will das nicht. Er will jederzeit eine Situation, in der es Israel gut geht. Wenn sie ihm treu sind, und das sogar noch in ihrer Untreue, will „er zum Guten an sie denken“ (3Mo 26,45). Diese Hoffnung wird im vierten Gebot deutlich und klingt fast schon wie eine Verheißung. Tatsächlich enthalten die Zehn Gebote eine einzige explizite Verheißung; sie steht allerdings im fünften Gebot – man darf gespannt bleiben (oder gleich weiterlesen)!

Anmerkungen

1 Die Gebote des Dekalogs (ohne den Prolog in Vers 2) haben im Hebräischen 163 Worte. Davon stehen 81 Worte vor und 81 Worte nach dem Wort „Jahwe" in Vers 10.

2 Eine leicht verständliche Einführung in biblische Bünde und die typischen Zeremonien gibt H. Pehlke, „Bünde im Alten Vorderen Orient und im Alten Testament", *Zur Umwelt des Alten Testaments* (hg. H. Pehlke; Holzgerlingen: Hänssler, 2002), S. 76–113. Einen Überblick über den aktuellen Forschungsstand zu biblischen Bünden mit weiterer Literatur, speziell im Hinblick auf den Sinaibund, gebe ich außerdem in: B. Lange, *Gott bleibt Israel treu: Die Bundesbeziehung Gottes zu Israel im Sinaibund als Argumentationsgrundlage in Römer 9–11* (Edition Israelogie, Bd. 10; Frankfurt a. M.: Peter Lang, 2017), S. 3–20.

3 Eine ausführliche Erklärung zum Bund Gottes mit Abraham und einer noch tiefergehenden Symbolik der Beschneidung als Bundeszeichen gebe ich in: B. Lange, *Gott bleibt Israel treu: Die Bundesbeziehung Gottes zu Israel im Sinaibund als Argumentationsgrundlage in Römer 9–11* (Edition Israelogie, Bd. 10; Frankfurt a. M.: Peter Lang, 2017), S. 65–75.

4 Ähnlich wie beim Abrahambund (vgl. 1Mo 17,10-14) wird das Bundeszeichen hier selbst als „Bund" bezeichnet, weil es stellvertretend für den Bund steht. Eine andere Stelle, in der der Sabbat im AT als Zeichen des Sinaibundes bezeichnet wird, ist Hes 20,12.20.

5 Das ist auch der Grund, weshalb das Sabbatgebot (im Gegensatz zu den anderen neun Geboten des Dekalogs) im NT nicht für die Gemeinde wiederholt wird. Eine ausführliche Beantwortung der Frage, weshalb Christen nur das Sabbatgebot nicht halten, kann ich hier nicht geben. Wer eine kurze Sammlung von Gründen möchte, findet eine gute Aufstellung von J. Fischer: *Zehn Gebote: Das Sabbatgebot* (verfügbar unter: https://www.frogwords.de/_media/predigten/zehn_gebote_das_sabbatgebot.pdf). Eine ausführliche Auseinandersetzung mit dem Sabbat im AT, NT und der Kirchengeschichte gibt das lesenswerte Buch von D. A. Carson, Hg., *From Sabbath to Lord's Day: A Biblical, Historical, and Theological Investigation* (Eugene: Wipf & Stock, 1999).

6 In 2Mo 16 wird nicht nur deutlich, dass der Sabbat erst auf die Herausführung Israels aus Ägypten zum ersten Mal genannt wird und damit eine bestimmte Bedeutung für das erlöste Volk hat, sondern auch, dass Jahwe ihn erst in diesem Zusammenhang „gegeben" hat (2Mo 16,29). Das wird in 5Mo 5,15; Neh 9,14 und Hes 20,10-12 bestätigt, siehe dazu auch T. D. Alexander, *Exodus* (Apollos Old Testament Commentary; London: Apollos, 2017), S. 326.

7 Diese Schlussfolgerung mit einer hilfreichen Differenzierung zwischen dem siebten Schöpfungstag und dem Sabbat gibt der lesenswerte Artikel zum Sabbat in: T. D. Alexander, Hg., *New Dictionary of Biblical Theology* (Leicester: Inter-Varsity, 2000), S. 745–750.

8 Dieser Gedanke ist schon in der Schöpfungsgeschichte selbst angelegt, wie auch in zahlreichen Parallelen zwischen der Schöpfung als Heiligtum Gottes, bei denen der Sabbat dem besonders heiligen, inneren Bereich entspricht, deutlich wird. Der Bau der Stiftshütte wird in 2Mo daher absichtlich mit vielen Bezügen zur Schöpfung beschrieben. Damit wird man darauf hingewiesen, dass das tatsächliche Heiligtum Israels in gewissem Sinne nur ein Symbol dessen ist, was schon bei der Schöpfung angelegt war. Siehe dazu ausführlich J. Berman, *Created Equal: How the Bible broke with Ancient Political Thought* (New York: Oxford University, 2008), S. 13–34.

9 Interessant ist, dass auch hier der siebte Schöpfungstag nicht mit dem Sabbat gleichgesetzt wird: Gott ruhte „am siebten Tag“ (und nicht am Sabbat), doch wegen diesem Muster „segnete Jahwe den Sabbattag und heiligte ihn“ (ähnlich, wie er es mit dem siebten Schöpfungstag tat).

10 Diesem Gedanken kann man noch weiter nachgehen. Was der Mensch als ersten vollständigen Tag nach seiner Erschaffung erlebte, war ein Tag der Ruhe, bei dem er erst einmal in der von Gott geschaffenen Welt innerlich ankommen und zum ersten Mal ohne Ablenkung durch weitere Schöpfungstaten Gott selbst kennenlernen konnte. Wenn man so will, ist also diese Gemeinschaft in der Gegenwart Gottes das Ziel der Schöpfung überhaupt und steht auch sprichwörtlich vor aller Arbeit. Damit werden weder Arbeit noch Kreativität generell geringgeschätzt. Im Gegenteil, sowohl das Sabbatgebot (2Mo 20,9) als auch der Schöpfungsauftrag (1Mo 2,15) enthalten den Auftrag zur Arbeit. Aber wichtig ist, dass über allem eben die Gemeinschaft mit Gott selbst steht.

11 So nach W. Gesenius, *Hebräisches und Aramäisches Handwörterbuch über das Alte Testament* (Berlin: Springer, 1962[17]), S. 198.

12 Diesen Gedanken verdanke ich C. Dohmen, *Exodus 19–40* (Herders Theologischer Kommentar zum Alten Testament; Freiburg: Herder, 2012[2]), S. 120.

13 Zitiert aus C. Dohmen, *Exodus 19–40* (Herders Theologischer Kommentar zum Alten Testament; Freiburg: Herder, 2012[2]), S. 120.

14 Nach einer seitenlangen Untersuchung verschiedener Hypothesen, welche Vorbilder das Sabbatgebot in den Völkern des Alten Vorderen Orients gehabt haben könnte, kommt ein wissenschaftliches Werk auf dem Stand der heutigen Forschung zu folgendem ernüchternden Ergebnis: „However, there is no evidence for a seven-day cycle of market days from the ancient Near East or anywhere else. … In spite of the extensive efforts of more than a century of study into extra-Israelite sabbath origins, it is still shrouded in mystery. No hypothesis whether astrological, menological, sociological, etymological, or cultic commands the respect of a scholarly consensus. Each hypothesis or combination of hypotheses has insurmountable problems. The quest for the origin of the sabbath outside of the OT cannot be pronounced to have been successful“ –

„Allerdings gibt es keine Belege für einen siebentägigen Zyklus von Markttagen im Alten Vorderen Orient oder irgendwo anders. ... Trotz der umfangreichen Bemühungen von mehr als einem Jahrhundert der Erforschung möglicher außerisraelitischer Ursprünge ist die Entstehung des Sabbats immer noch in ein Geheimnis gehüllt. Keine Hypothese, ob astrologisch, menologisch, soziologisch, etymologisch oder kultisch, genießt den Respekt eines wissenschaftlichen Konsenses. Jede Hypothese oder Kombination von Hypothesen hat unüberwindbare Probleme. Die Suche nach dem Ursprung des Sabbats außerhalb des AT kann nicht als erfolgreich bezeichnet werden", zitiert aus D. N. Freedman, G. A. Herion, D. F. Graf, J. D. Pleins und A. B. Beck, Hg., *The Anchor Bible Dictionary: Volumes I-VI* (New York: Doubleday, 1992), V, S. 851, Übersetzung in Deutsch hinzugefügt.

15 Siehe dazu auch H. H. P. Dressler, „The Sabbath in the Old Testament", *From Sabbath to Lord's Day: A Biblical, Historical, and Theological Investigation* (hg. D. A. Carson; Eugene: Wipf & Stock, 1999), S. 22–42, hier S. 24.

16 Man kann sich fragen, wie denn Menschen ohne einen Wochenrhythmus sonst ihre Tage strukturierten. Die erstaunliche Antwort ist: Gar nicht! Es gab zwar im Jahreszyklus verschiedene Jahreszeiten, Feste oder die Monatseinteilung, aber auf kleinerer Ebene flossen für einen Menschen im Altertum die Tage einfach unterschiedslos dahin. Vgl. zu den Zeiteinteilungen D. N. Freedman, G. A. Herion, D. F. Graf, J. D. Pleins und A. B. Beck, Hg., *The Anchor Bible Dictionary: Volumes I-VI* (New York: Doubleday, 1992), V, S. 849–851.

DAS FÜNFTE GEBOT: AUTORITÄTEN ACHTEN (2MO 20,12)

*Ehre deinen Vater und deine Mutter,
damit deine Tage lange währen in dem Land,
das Jahwe, dein Gott, dir gibt.*

Raum zum Leben

Das fünfte Gebot ist (nach dem Sabbatgebot) das zweite positiv formulierte Gebot im Dekalog. Während das Sabbatgebot das letzte Gebot ist, das in erster Linie auf die Beziehung zu Gott bezogen ist, eröffnet das Gebot, die Eltern zu ehren, die auf das menschliche Miteinander bezogenen Gebote. Somit stehen in der strukturellen Mitte der Zehn Gebote vom Übergang von der Beziehung zu Gott zur Beziehung zum Mitmenschen zwei positiv formulierte Gebote als Kern. Obwohl alle anderen Gebote, die sozusagen den Rahmen bilden, als Verbote (und damit negativ) formuliert sind, zeigt das Zentrum der beiden positiv formulierten Gebote, dass Gott in erster Linie nichts daran gelegen ist, Dinge zu *verbieten.* Es wäre eine falsche Vorstellung von Gott, ihn in erster Linie als jemanden zu sehen, der uns Menschen beschränken und einengen möchte – im Gegenteil: Er hat uns als Schöpfer ja überhaupt das Leben eröffnet. Als der Mensch sich im Sündenfall von Gott abwandte, war auch sein Leben von Sünde und Tod bedroht. Durch die Gebote will Gott also nicht den Lebensraum des Menschen noch weiter einschränken, sondern überhaupt erst wieder öffnen. Es wäre ein großes Missverständnis, Gott als Spielverderber und denjenigen zu sehen, der das Leben einschränken will. Die Sünde und der Tod schränken das Leben ein und bedrohen es. Gott will dem Menschen den Raum in der Beziehung zu ihm, der allein das Leben garantiert, wieder öffnen! Das sieht man sehr deutlich daran, dass der Tod auch nach Gottes Geboten erst dann eintritt, wenn man den von Gott gegebenen Raum der Gebote *verlässt,* nicht indem man in ihn hineintritt. Der Lebensraum, der durch die Gebote und Prinzipien Gottes gesichert wird, ist wie eine Sicherheitszone mitten in einem Kriegsgebiet. Wer innerhalb der Sicherheitszone bleibt, die mit festen Grenzen markiert ist, bleibt im sicheren Lebensraum. Wer sie verlässt, ist vom Tod bedroht.[1] Dass der Raum innerhalb der Verbote tatsächlich als Lebensraum gedacht ist, kann man daran erkennen, dass es nur in den beiden positiv formulierten Geboten in der Mitte des Dekalogs um das *Leben* im *Land* geht. Schon im Sabbatgebot ist das Ziel, dass alle ruhen können, die „innerhalb deiner Tore" (2Mo 20,10) wohnen (damit ist natürlich das Land, nicht die Wüste gemeint). Im fünften Gebot – dem „ersten Gebot mit Verheißung" (Eph 6,2) – gibt es sogar eine Verheißung, dass die „Tage lange währen in dem Land, das Jahwe, dein Gott, dir gibt" (2Mo 20,11). Indem die *Verbote* (Gebote 1-3 und 6-10) die positiv formulierten *Gebote* (Gebote 4-5) im Dekalog tatsächlich umrahmen, macht Gott sogar in der Struktur der Zehn Gebote ganz bildhaft deutlich, wie Verbote das Leben, das durch die Gebote in der Mitte umrahmt werden, schützen:[2]

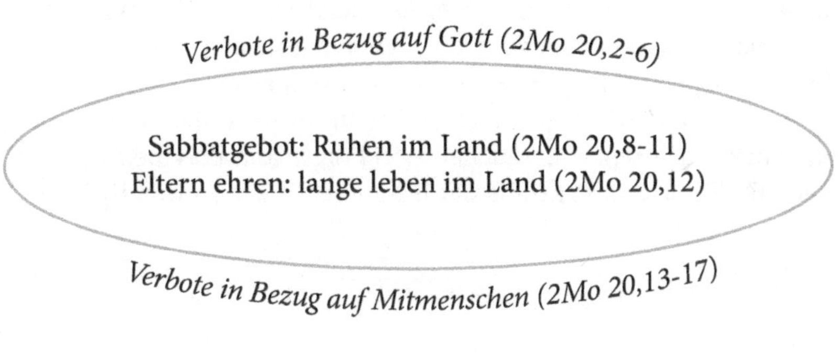

Verbote in Bezug auf Gott (2Mo 20,2-6)

Sabbatgebot: Ruhen im Land (2Mo 20,8-11)
Eltern ehren: lange leben im Land (2Mo 20,12)

Verbote in Bezug auf Mitmenschen (2Mo 20,13-17)

Zeit zum Leben

Ein weiterer interessanter Aspekt ist, dass nur das vierte und das fünfte Gebot einen Zeitbezug haben: Das Sabbatgebot führt den Wochenrhythmus ein und begründet sich über die Schöpfungswoche. Das fünfte Gebot bezieht sich dagegen auf die Lebenszeit, indem es die Eltern- und Kindergeneration enthält und außerdem die Verheißung eines langen Lebens gibt.[3] In beiden Geboten eröffnet Gott also auch in zeitlicher Hinsicht einen Raum, in dem die Menschen nach dem Sündenfall leben können. Die Folgen des Sündenfalls werden zwar nicht aufgehoben, aber eingeschränkt. Nach dem Sündenfall musste der Mensch seine Arbeit mit Mühe und Schweiß tun (1Mo 3,19), aber der Sabbat gibt Ruhe von dieser Mühe. Außerdem traten nach dem Sündenfall auch der körperliche Tod (1Mo 2,17) und eine Begrenzung der menschlichen Lebenszeit (1Mo 3,22; vgl. auch 6,3) ein, doch in der Gemeinschaft mit Gott ist ein langes Leben im Land möglich. Die Ruhe am Sabbat und das lange Leben im Land Israel sind dabei natürlich nur ein symbolischer Vorgeschmack, der ein Prinzip zeigt: Nur durch Gemeinschaft mit Gott kann das, was im Sündenfall kaputtging, wiederhergestellt werden.

Diese Erinnerung ist wichtig: Wortwörtlich steht inmitten der Zehn Gebote das größere Ziel Gottes, das nicht darin besteht, dem Menschen das Leben schwer und eng zu machen. Gottes Ziel besteht darin, dem Menschen einen geschützten Raum in der Gemeinschaft und in der engen Verbindung zu ihm zu geben, in dem das ursprünglich von Gott geplante Leben überhaupt funktionieren kann. Und auch die umgekehrte Botschaft ist deutlich: Wer diesen Rahmen verlässt und sich im Ungehorsam gegen Gott und seine Lebensprinzipien stellt, wird dieses Leben nicht erleben.

Im fünften Gebot ist das lange Leben im Land daran gebunden, die Eltern zu ehren. Hier tauchen zwei Fragen auf: Was meint „ehren" genau? Und wieso ist gerade das Ehren der Eltern so wichtig?

(1) Was heißt „ehren“?

„Ehren“ ist ein breiter, aber sehr wichtiger Begriff. Er meint im Hebräischen eigentlich genau das, was wir im Deutschen damit verbinden, nämlich jemanden als „wertvoll“, „geehrt“, „angesehen“ oder „herrlich“ zu behandeln. Das ist schon eine sehr breite Palette, die nicht auf wenige konkrete Handlungen reduziert werden kann. Es meint den wertschätzenden, respektvollen, ehrerbietigen und demütigen Umgang den Eltern gegenüber in allen Lebensbereichen. Es schließt das Reden *mit,* das Reden *über* und das Verhalten *gegenüber* den Eltern in jeder Lebenslage ein. Es ist ein Verhalten, das Vater und Mutter als wertvoll, kostbar und ehrwürdig behandelt.

▸ *Mehr als Altersvorsorge*

Eine Assoziation zum fünften Gebot ist unter Christen erstaunlicherweise besonders häufig. Fast jeder denkt dabei sofort an Altersvorsorge: Die Eltern ehren heißt, sie im Alter zu versorgen. Das stimmt, aber „ehren“ bedeutet noch viel mehr als das. Woher kommt es, dass die Altersvorsorge gedanklich häufig mitgedacht wird? Ganz sicher ist dafür der Ausspruch Jesu in Markus 7,10-13 maßgeblich, in dem Jesus erklärt, dass „Ehre deinen Vater und deine Mutter“ auch einschließt, ihnen nicht das vorzuenthalten, was ihnen im Alter „zugutegekommen wäre“ (Mk 7,11). Jesus bezieht das Gebot unter anderem auf die Altersvorsorge – doch wie kommt er auf diesen Gedanken? Die Antwort ist einfach: Es ist im Text von 2. Mose 20,12 schon angedeutet. Wie schon beim Sabbatgebot deutlich wurde, sprechen die Zehn Gebote nicht zuerst Kinder an, sondern solche, die bereits erwachsen sind und selbst Kinder haben und die Verantwortung für den Familienhof ausüben (vgl. 2Mo 20,10). So ist auch dieses Gebet in erster Linie an solche gerichtet, deren Eltern bereits so alt sind, dass sie sich aus der aktiven Führung des Familienanwesens zurückgezogen haben.[4] Die alt gewordenen Eltern in Ehren zu halten schließt zweifellos ein, sie in Anstand, Würde und Respekt bis ins Alter zu versorgen![5] So wie man Gott auch mit seinem Besitz (aber darüber hinaus auf noch viele andere Arten) ehren soll (vgl. Spr 3,9), soll man das auch mit den Eltern tun. Jesus kennt also das

Gesetz so gut, dass er sogar die Feinheiten des Wortlautes im Kontext so deutet, wie Gott dies vorgesehen hat.

Auch wenn das fünfte Gebot zweifellos das Kümmern um die Eltern im Alter mit einschließt, meint es doch wesentlich mehr als das. Es lautet nämlich nicht „Ehre deinen Vater und deine Mutter, solange sie leben", sondern „Ehre deinen Vater und deine Mutter, damit *du* lange lebst".[6] Es geht darum, die Eltern zu jeder Zeit, in der das im eigenen Leben möglich ist, zu ehren. Das beginnt als Kind und endet auch im Erwachsenenalter nicht.

▸ *Mehr als Gehorsam*

Eine andere Art, in welcher der Sinn des Gebotes häufig beschränkt wird, ist eine Gleichsetzung von „ehren" und „gehorchen". Beachten wir zunächst, dass es nicht heißt: „Du sollst Vater und Mutter gehorchen." Ehrerbietung schließt definitiv Gehorsam ein, aber sie geht über bloße Pflichterfüllung und einfachen Gehorsam weit hinaus. Streng genommen ist „ehren" gar kein bestimmtes äußeres *Tun*, sondern eine innere *Haltung*. Beim fünften Gebot stößt man auf ein Phänomen, das für das biblische Gesetz typisch ist und durch das sich Gottes Gesetz von anderen altorientalischen Gesetzen radikal unterscheidet. Es ist die Tatsache, dass Gott in seinem Gesetz eine Herzenshaltung gebietet, die man juristisch schlecht fordern oder überprüfen kann und die man daher weder in altorientalischen noch in modernen Gesetzestexten findet. Wer will schon überprüfen, ob man die richtige Herzenshaltung hat oder nur so tut, als würde man den anderen ehren? Ganz deutlich wird dieser Fokus auf die innere Haltung beim letzten Gebot („Du sollst nicht begehren", 2Mo 20,17), daher müssen wir noch ausführlicher auf dieses Phänomen zurückkommen, wenn wir uns diesem Gebot widmen. Hier kann man aber schon einmal festhalten: Das erste und das letzte derjenigen Gebote, die das zwischenmenschliche Verhalten thematisieren, forderten ein Verhalten, das streng genommen eine Herzenshaltung ist und über typischen Gesetzesgehorsam weit hinausgeht. Dieser Rahmen um die zwischenmenschlichen Gebote zeigt, dass das gesamte Verhalten dem Mitmenschen gegenüber nicht in erster Linie von *außen* betrachtet gut aussehen soll, sondern mit der richtigen *inneren* Einstellung geschehen muss.

▸ *Von Gott zu mir*

Wie umfassend das, was Gott von den Israeliten möchte, tatsächlich ist, wird noch deutlicher, wenn man sich die sonstige Verwendung von „ehren" im Hebräischen ansieht. Es ist eben jenes Wort, das als Substantiv „Herrlichkeit" bedeutet und für die umfassende, heilige und überwältigende göttliche Gegenwart in der Rauch- und Feuersäule verwendet wird (z. B. 2Mo 16,10; 24,16-17; 33,18-20). Dementsprechend bezeichnet „ehren" an vielen Stellen im AT das Verhalten, welches vom Menschen gefordert wird, wenn er Gott in richtiger Weise verherrlicht (Ri 13,17; Ps 50,23; Spr 3,9). Sein Name ist herrlich (5Mo 28,58), daher soll er auch verherrlicht werden (Ps 86,9.12), und zwar in besonderer Weise von denen, die ihm wie Israel nahen 3Mo 10,3). Das letzte Mal vor dem Sinaibund war im Buch 2. Mose von „ehren" die Rede, als Gott ankündigte, sich durch die Befreiung von den Ägyptern verherrlichen zu wollen (2Mo 14,4.17.18). Obwohl mit „ehren" auch das respektvolle Verhalten anderen Menschen gegenüber gemeint sein kann, ist dieser Bezug auf Gott wichtig. Er zeigt, dass die richtige Haltung Gott und seiner Autorität gegenüber (Gebote 1-4) dazu führt und sich darin zeigt, dass man sich auch gegenüber menschlichen Autoritäten in angemessener Weise verhält. Das ehrende Verhalten Gott und das den Eltern gegenüber sind also aufs engste miteinander verbunden, man kann das Erste nicht ohne das Zweite haben. Mehr noch: Man hat fast den Eindruck, dass die Eltern im fünften Gebot zu solchen werden, die gegenüber ihren Kindern ein Stück der Autorität Gottes verkörpern und repräsentieren. Das führt uns zu der zweiten oben angesprochenen Frage: Weshalb soll man gerade die Eltern ehren?

(2) Die Eltern als höchste menschliche Autorität

In der Einleitung dieses Buches wurde deutlich, dass die Zehn Gebote beispiel- und musterhaft für verschiedene Bereiche des Lebens stehen und für jeden Bereich jeweils das schwerste Vergehen thematisiert wird. Das fünfte Gebot steht so für den gesamten Bereich des Umgangs mit Autoritäten. Das ist schon erstaunlich: Offenbar besteht für Gott das größte Vergehen gegenüber Autoritäten nicht darin, dem König, Arbeitgeber oder Lehrer gegenüber Geringschätzung auszudrücken, sondern die Eltern nicht zu ehren! Der Grund dafür liegt darin, dass die Eltern die direkteste und weitreichendste Autorität sind, denen ein neu in die Welt geborener Mensch gegenübersteht. Sie stehen daher für den gesamten Bereich von Autoritätspersonen, die von Gott mit Autorität ausgestattet sind und seine Autorität repräsentieren. Dieser Eindruck ergibt sich ganz deutlich daraus, dass der Gehorsam den Eltern gegenüber mit einer Verheißung (nämlich dem Leben im Land) verbunden wird, die sonst nur bei umfassendem Gehorsam den Geboten Gottes gegenüber genannt wird (vgl. z. B. 3Mo 18,5). Mit anderen Worten: Wer die Eltern wirklich ehrt, erfüllt in gewisser Weise auch in anderen Bereichen den Willen Gottes. Wieso ist das so? Hier sind zwei Aspekte zu nennen:

▸ *(a) Das Verhalten den Eltern gegenüber ist ein Muster für das Verhalten gegenüber Gott*

Gott hat zu Israel eine Beziehung, wie sie ein Vater zu seinem Sohn hat. Das wird im Alten Testament an vielen Stellen deutlich (z. B. 5Mo 1,31; 8,5; 14,1; 32,5; Hos 11,1.10; Jes 1,2; Jer 3,19; 31,20), aber zum ersten Mal kommt die Bezeichnung Israels als Sohn bei der Ankündigung des Exodus in 2. Mose 4,22 vor. Dass dieser Vergleich ausgerechnet dort zum ersten Mal in der Bibel auftaucht, wo es um die Herausführung Israels aus Ägypten geht, ist kein Zufall. Die Ereignisse um den Auszug aus Ägypten und der Bund Gottes mit Israel sind *die* Ereignisse schlechthin, welche die besondere Sohnesbeziehung Israels zu Gott begründen. Durch den Bund ist Gott in einer so engen Beziehung mit Israel wie ein Vater mit seinem erstgeborenen Sohn.[7] Daher trägt, führt und erzieht Gott Israel wie einen Sohn (5Mo 1,31; 8,5). Umgekehrt erwartet Gott aber auch, dass Israel ihm die Ehre erweist, die ein Sohn seinem Vater erweist (Mal 1,6) – womit wir wieder beim fünften Gebot wären. Wenn alle Israeliten

Gott als einen Vater „ehren" sollen (in Mal 1,6 wird dasselbe Wort verwendet, das auch im fünften Gebot vorkommt), dann ist es nur natürlich, dass sie dies auch im zwischenmenschlichen Bereich in ihrer eigenen Familie tun! Wer seinen eigenen Vater nicht ehrt, kann kaum behaupten, Gott als Vater zu ehren; und wer Gott als höchste Autorität und Vater nicht ehrt, hat kaum einen Grund, den eigenen menschlichen Vater zu ehren. Die Ehre den Eltern gegenüber drückt also die Ehre für Gott aus und soll sie umgekehrt befeuern und durch die Vorbilder der Eltern nähren.

Das heißt nichts weniger, als dass das fünfte Gebot in Wirklichkeit nur ein irdischer Spiegel der Beziehung zu Gott ist. Die Beziehung zu Gott soll in Israel so weitreichend sein, dass alles menschliche Zusammenleben ein Abbild dieser Beziehung ist und sie im Alltag in allen Bereichen deutlich wird. Vor diesem Hintergrund wird auch klar, dass das Ehren der Eltern im fünften Gebot stellvertretend für das Verhalten gegenüber *jeder anderen menschlichen Autorität* steht. Wer Gott als Autorität ehrt, wird dies auch mit anderen menschlichen Autoritäten tun (vgl. Röm 13,7: „Ehre, dem die Ehre gebührt"; 1Petr 2,17: „ehrt den König"). Wenn aber das menschliche Verhalten nur ein Abbild der Beziehung zu Gott ist, dann ist damit auch klar, dass man keiner menschlichen Autorität Ehre erweisen kann, die sich an den Platz Gottes setzt. Im Kontext ist also deutlich, wo die Ehre den Eltern und anderen Autoritäten gegenüber ihren Platz, aber auch ihre Grenze hat. Das fünfte Gebot zeigt jedoch, wie wichtig für Gott der Gehorsam gegenüber Autoritäten ist und dass dieser auch mit der Berufung auf Gott nicht leichtfertig aufgegeben werden sollte. Die Ehre den menschlichen Autoritäten gegenüber steht hier der Beziehung zu Gott nicht entgegen, sondern ist in diese eingebunden.

▸ *(b) Das Ehren der Eltern setzt eine Kette des Gehorsams in Israel in Kraft*

Ein anderer Grund, weshalb die Ehre den Eltern gegenüber so eng mit der Beziehung zu Gott verbunden ist, ist ganz praktischer Natur, offenbart aber besonders die Weisheit Gottes. Schon bei den anderen Geboten wurde deutlich, dass die Gesellschaft in Israel sich aus verschiedenen Kreisen zusammensetzt und der Gehorsam von innen nach außen fließt. Im inneren Kreis ist die Beziehung zu Gott, anschließend kommt als erste und wichtigste zwischenmenschliche Beziehung die Beziehung zu den eigenen Eltern. Diese ist nicht nur deshalb so wichtig, weil sie ein Abbild der Beziehung zu Gott ist, sondern auch, weil sie im Idealfall eine Kette des Segens und des Gehorsams in Kraft setzt, die bereits im zweiten Gebot angedeutet wurde (2Mo 20,5-6). Nach dem Bundesschluss am Sinai verpflichtet sich das ganze Volk dazu, Gott treu zu sein (2Mo 19,8; 24,3.7) und dies auch den Kindern vorzuleben und weiterzugeben (2Mo 12,26-27; 5Mo 6,7). Im Idealfall lebt der erwachsene Israelit, der Verantwortung für sein Haus und seine Kinder hat (vgl. 2Mo 20,10), den Gehorsam und die Treue zu Gott vor. Wenn jede nachfolgende Generation im zwischenmenschlichen Bereich zuerst darauf achtet, den Eltern Respekt und Ehre zu erweisen, schließt das auch die Treue zu Gott und zu seinen Geboten ein. So kommt es zu einer Kette des Segens von vielen Generationen, die *Gott lieben und seine Gebote halten*. Dieser Gedanke ist innerhalb der Zehn Gebote nicht neu, sondern wurde mit genau diesem Wortlaut bereits im zweiten Gebot genannt (2Mo 20,6). Was geschieht aber, wenn diese Kette unterbrochen wird, weil irgendwann eine Generation Gott nicht mehr gehorcht? Dann ist die nachfolgende Generation durch die Zehn Gebote selbst bereits aufgerufen, es den Vätern nicht gleichzutun, sondern Gott mehr zu ehren als die Eltern. An dieser Stelle kann man sich daran erinnern, dass die Zehn Gebote bewusst der Reihenfolge nach geordnet sind. Die Gebote zur richtigen Verehrung Gottes kommen zuerst und stehen auch *vor* der Ehre von Menschen. Daher macht allein schon die Reihenfolge der Zehn Gebote deutlich, dass man Gott mehr gehorchen soll als den Menschen.[8] Die Reihenfolge der Gebote ist also wichtig: Der Gehorsam gegenüber Gott steht sprichwörtlich über dem Gehorsam gegenüber den Eltern.

Das erste Gebot mit Verheißung

Aus dem oben Gesagten erklärt sich nun auch der Nachsatz der Verheißung „damit deine Tage lange währen in dem Land, das Jahwe, dein Gott, dir gibt", die man nur beim fünften Gebot findet (2Mo 20,12b; vgl. Eph 6,2). Einerseits gilt das in gewisser Hinsicht für den einzelnen Israeliten: Wer Vater und Mutter flucht, wird mit dem Tod bestraft (2Mo 21,17) und kann folglich nicht lange im Land leben. Doch die Verheißung zielt im eigentlichen Sinn darauf, dass das ganze Volk als Gemeinschaft eine Funktion im Land hat.[9] Es geht um mehr als Individualismus, nämlich darum, dass Erlöste in der Gemeinschaft ihre Kraft besonders gut entfalten können. Der Verweis auf das Leben im Land ist ein Verweis auf den *Gesamtgehorsam* Israels. Es geht nicht nur um die Treue den Eltern gegenüber, sondern auch um ein Ehren den Eltern gegenüber, das *das Ehren Jahwes einschließt* (und zwar nicht nur in dem Sinn, dass das Ehren der Eltern Teil des Gehorsams gegenüber Gott ist, sondern auch dahingehend, dass die Eltern so vollständig den Gehorsam Gott gegenüber leben, dass eine Ehrerweisung diesen Gehorsam imitiert) – sonst wäre die Verheißung überhöht oder fehl am Platz.

Die gleiche Stellung von Mann und Frau

Noch ein letzter Aspekt muss hier genannt werden: Das fünfte Gebot ist in seinem zeitlichen und kulturellen Kontext außergewöhnlich, weil es Mann und Frau dieselbe Stellung und Autorität gibt. Dass man die Mutter in keiner Weise weniger ehren soll als den Vater, wird dadurch ersichtlich, dass sie gleichberechtigt erwähnt wird. Es heißt eben nicht: „Du sollst deine Eltern ehren."[10] Es heißt auch nicht: „Du sollst deinen Vater ehren", was als musterhafter Ausdruck ebenso für die Mutter hätte stehen können, sondern die Mutter wird explizit und gleichberechtigt neben dem Vater genannt. Diese Stellung der Frau, die sich in den biblischen Gesetzestexten insgesamt findet, ist im Alten Vorderen Orient bemerkenswert.[11]

Damit umfasst das fünfte Gebot also das Ehren der Eltern als Muster für den Umgang mit jeglichen von Gott gegebenen

Autoritäten - und enthält eine große Verheißung für das Leben. Wer das fünfte Gebot versteht, hat daher eigentlich auch schon das nächste Gebot verstanden.

Anmerkungen

1 Man könnte einwenden, dass der Tod beim Bruch der Gebote Gottes ja durch Gott selbst und nicht durch die Sünde geschieht. Ich würde argumentieren, dass Gott die Todesstrafe beim Bruch wichtiger Gebote deshalb anordnet, um den Menschen das begreifbar zu machen, was sie sonst nur schwer verstehen: Dass es nichts gibt, was das Leben stärker bedroht und einschränkt, als die Sünde. Diese pädagogische Handlung Gottes für das Volk Israel sieht man auch im Prinzip von Segen und Fluch. Wenn Israel den Sinaibund hält, gibt Gott Segen, bei Ungehorsam dagegen Fluch (3Mo 26,14-43; 5Mo 28,15-68). Segen und Fluch sind als Belohnung und Strafe pädagogische Verdeutlichungen dessen, was es bedeutet, mit oder ohne Gott zu leben. Weil Menschen die Gefahr durch die Sünde selbst meist nicht erkennen, gebraucht Gott diese drastische Verdeutlichung. Die eigentliche Gefahr ist aber nicht der Bundesfluch, sondern das, wofür er steht: Tatsächlich ist der irdische Bundesfluch gering im Vergleich zu der ewigen Trennung von Gott, die die wahre Folge der Sünde ist.

2 Der Gedanke der Gebote als Lebensraum ist der Grundgedanke des Buches von J. Steinberg, *Wie Gott uns Raum zum Leben schenkt: Ein Plädoyer für Weite im Glauben* (Witten: SCM R.Brockhaus, 2015).

3 C. Dohmen, *Exodus 19–40* (Herders Theologischer Kommentar zum Alten Testament; Freiburg: Herder, 2012[2]), S. 120, mit Verweis auf M. Buber.

4 Siehe für einen ausführlichen exegetischen Nachweis: C. Trimm, „Honor Your Parents: A Command For Adults“, *Journal of the Evangelical Theological Society* 60 (2017), S. 247–263; vgl. ferner V. P. Hamilton, *Exodus: An Exegetical Commentary* (Grand Rapids: Baker Academic, 2011), S. 342.

5 Das geht auch aus ähnlichen Texten aus dem Alten Vorderen Orient hervor, in denen die Ehre gegenüber den Vorfahren betont wird, siehe J. H. Walton, Hg., *Zondervan Illustrated Bible Backgrounds Commentary (Old Testament): Genesis, Exodus, Leviticus, Numbers, Deuteronomy* (Grand Rapids: Zondervan, 2009), S. 233.

6 Diesen Hinweis verdanke ich J. H. Sailhamer, *The Pentateuch as Narrative: A Biblical-Theological Commentary* (Preaching the Word; Grand Rapids, MI: Zondervan Publishing House, 1992), S. 286.

7 Der Vergleich der Sohnesbeziehung ist im Alten Vorderen Orient ganz typisches Vokabular, um Bundesbeziehungen zu bezeichnen, und wird in diesem Sinne

auch im Alten Testament verwendet. Das habe ich in meinem Buch zur Bundesbeziehung Gottes mit Israel ausführlicher dargestellt, siehe B. Lange, *Gott bleibt Israel treu: Die Bundesbeziehung Gottes zu Israel im Sinaibund als Argumentationsgrundlage in Römer 9–11* (Edition Israelogie, Bd. 10; Frankfurt a. M.: Peter Lang, 2017), S. 80–81. Im Falle von Israel ist interessant, dass die Bundesbeziehung Gottes zu seinem Volk bereits mit dem Abrahambund (1Mo 15 und 1Mo 17) beginnt, denn Gott bezeichnet Israel schon vor dem Exodus als seinen Sohn (2Mo 4,22; vgl. auch Hos 11,1). Der Bund am Sinai ist aber eine so wichtige Bestätigung dieser Beziehung, dass die Sohnesbeziehung im weiteren AT vor allem damit verbunden ist, vgl. z. B. die häufige Erwähnung im Gesetz in 5Mo 1,31; 8,5; 14,1; 32,5 oder Stellen, die sich mit dem Bundesverhalten Israels beschäftigen, z. B. Jes 1,2; 30,1.9; 45,11; Jer 3,14.19.22.

8 Was Petrus und die Apostel dem Hohen Rat gegenüber in Apg 5,29 betonen, geht also bereits aus dem Dekalog hervor.

9 Diesen Aspekt entfaltet auch C. Dohmen, *Exodus 19–40* (Herders Theologischer Kommentar zum Alten Testament; Freiburg: Herder, 2012[2]), S. 121.

10 Auch wenn die Bezeichnung „Vater und Mutter" im Hebräischen ein Merismus ist (also rhetorisches Stilmittel, durch das ein Oberbegriff durch Nennung zweier konkreter Unterbegriffe gebildet wird), der einfach „Eltern" bedeuten kann, und es kein anderes geläufiges Wort für „Eltern" gibt, ist es nicht unmöglich, nur von „Eltern" zu reden (vgl. etwa Sach 13,3).

11 Siehe dazu J. I. Durham, *Exodus* (Word Biblical Commentary; Dallas: Word, 1987), 291; T. D. Alexander, *Exodus* (Apollos Old Testament Commentary; London: Apollos, 2017), 414. Eine ausführliche Übersicht zur Stellung der Frau in alttestamentlichen Gesetzestexten gibt C. J. H. Wright, *God's People in God's Land: Family, Land, and Property in the Old Testament* (Grand Rapids: Eerdmans, 1990), 200-221.

DAS SECHSTE GEBOT: DAS LEBEN NICHT UNBERECHTIGT ANTASTEN (2MO 20,13)

Du sollst nicht töten.

Gott will das Leben schützen

Wer das fünfte Gebot (die Eltern ehren) verstanden hat, muss eigentlich das Leben lieben. Denn anders würde die Verheißung „damit deine Tage lange währen in dem Land, das Jahwe, dein Gott, dir gibt" (2Mo 20,12) weder Sinn ergeben noch zum Gehorsam motivieren. Erst wer sich dessen bewusst ist, wie wertvoll ein langes Leben ist, kann diese Verheißung des fünften Gebotes schätzen und sich von ihr motivieren lassen. Dabei geht es nicht nur darum, das eigene Leben zu schätzen. Denn wie wir eben gesehen haben, geht es beim fünften Gebot um das Leben einer ganzen Gemeinschaft im Land. Wenn diese durch Ungehorsam gefährdet ist, ist auch das Leben des Einzelnen gefährdet. Umgekehrt ist ein langes Leben in einer grausamen Gemeinschaft auch nicht erstrebenswert. Wer beim Lesen der Zehn Gebote also beim sechsten Gebot angekommen ist, weiß bereits, dass sowohl das eigene Leben als auch das Leben der anderen wertvoll und schützenswert ist und dass es vom Zusammenleben abhängt, ob das Leben möglich oder gefährdet ist. Genau daran knüpft das sechste Gebot an. Schon im vierten und fünften Gebot wurde deutlich, dass Gott durch die Gebote einen Raum des Lebens schaffen und nicht nehmen will. Gott ist für das Leben und ermöglicht es, statt es zu verhindern und einzudämmen. Das sechste Gebot ist nach den beiden positiven Geboten, die sich mit diesem Lebensraum beschäftigen, nur logisch. Wer seinen eigenen Lebensraum von Gott bekommt, muss verstehen, dass Gott der Herr über das Leben ist. Es ist doch völlig klar, dass man mit dieser Haltung keinem anderen Menschen das Leben nehmen darf. Man würde sich sonst an Gottes Stelle setzen, womit wir wieder beim ersten Gebot wären.

Kurz und bündig

Das sechste Gebot ist der Beginn einer Reihe von Geboten, die im Gegensatz zu den ersten fünf Geboten sehr kurz formuliert sind. Das sechste, siebte und achte Gebot bestehen im Hebräischen jeweils nur aus zwei Worten. Das neunte Gebot umfasst immerhin vier Worte, und erst das letzte Gebot ist wieder ausführlicher. Trotzdem sind die Gebote sechs bis acht nicht weniger wichtig – im Gegenteil: Nicht zu töten, nicht die Ehe zu brechen und nicht zu stehlen sind grundlegende moralische Werte des Menschen, die nicht nur in der Kultur des Alten Vorderen Orients bei allen Völkern selbstverständlich waren, sondern auch bis heute wohl diejenigen Gebote sind, die jedem unter dem Stichwort „Zehn Gebote“ als Erstes einfallen. Gerade weil diese Gebote solche eigentlich selbstverständlichen Werte ausdrücken, können sie kurz sein. Doch in der Kürze liegt auch eine Gefahr, nämlich die Gefahr eines oberflächlichen Verständnisses. Das betrifft vor allem das sechste Gebot: Ein häufiges Missverständnis besteht darin, das hier jede Form des Tötens verboten wird. Das ist nicht der Fall – aber der Reihe nach.

Legitimes und illegitimes Töten

Was genau ist im sechsten Gebot gemeint? Im Hebräischen wird hier ein relativ seltenes Wort für „töten“ verwendet, das nicht zum

Standardvokabular des Alltags gehört.[1] Seine Bedeutung ist in dreifacher Hinsicht relativ eng beschränkt: Es meint (1) illegitimes Töten, (2) immer jedoch das Töten von Menschen durch Menschen und bezieht sich meist (3) auf Handlungen, die aus Eigenmächtigkeit, Egoismus oder Gedankenlosigkeit heraus geschehen.[2] Man kann also zunächst festhalten, dass hier nicht das Töten von Tieren, sondern das Verhalten von Menschen untereinander behandelt wird. Außerdem wird das Wort niemals für das Töten im Krieg oder bei der Vollstreckung todeswürdiger Vergehen gebraucht. Diese Formen des Tötens sind hier also nicht gemeint.[3] Das Wort bezieht sich auch niemals auf Gott oder einen Engel und bezeichnet damit niemals ein göttliches Handeln, etwa in Form von Gericht an den Menschen. Auch das ist hier also nicht gemeint.[4] Im sechsten Gebot geht es darum, dass ein Mensch einen anderen Menschen tötet. Allerdings sagt das Wort zunächst nichts darüber aus, ob es sich um ein absichtliches oder ein unabsichtliches Töten handelt. Sowohl vorsätzlicher Mord als auch unabsichtlicher Totschlag können gemeint sein. Erstaunlicherweise bezieht sich das hier verwendete Wort im Alten Testament in der Mehrzahl der Fälle auf Totschlag, und zwar auf unabsichtliches Töten. Entscheidend ist nämlich nicht, mit welcher Absicht, sondern mit welcher Legitimität ein Mensch durch einen anderen Menschen zu Tode kam. Im sechsten Gebot werden also nicht verschieden schwere Arten des Tötens unterschieden oder gleichgestellt, sondern es wird eine illegitime Form des Tötens allgemein verboten. Das kann man auch daran erkennen, dass das sechste Gebot so kurz wie möglich formuliert wird, damit aber auch so allgemein wie möglich klingt. Es enthält kein Objekt, wie zum Beispiel „Du sollst *keinen Menschen* töten", und ist damit ganz bewusst sehr umfassend formuliert.

Nur Gott hat die Autorität über das Leben

Man könnte also sagen, dass im sechsten Gebot nur illegitimes Töten verboten wird. Doch damit ist man kaum weiter: Was soll illegitimes Töten sein? Schließlich ist doch ein Gebot dazu da, festzulegen, was legitim (also erlaubt) und illegitim (also nicht erlaubt) ist. Und das sechste Gebot soll nun sagen, es sei illegitim, einen Menschen illegitim zu töten? Das hört sich nach einem Zirkelschluss an. Was zunächst merkwürdig klingt, ergibt aber tatsächlich einen erstaunlichen Sinn. Illegitimes Töten ist jede Form des Tötens, die nicht von Gott legitimiert ist. Das sechste Gebot hat also weniger das Ziel, zu definieren, welche Art des Tötens erlaubt und welche verboten ist. Der Schwerpunkt liegt darauf, dass jede Art des Tötens, die Gott nicht billigt, zu unterlassen ist. Das Gebot schützt also das Leben generell und macht deutlich, dass der *Mensch* nicht die Autorität hat, über Leben und Tod zu entscheiden oder Leben zu nehmen. Das darf nur Gott. Mit anderen Worten: Das sechste Gebot betont, dass *nur Gott das Recht hat, zwischen Leben und Tod zu entscheiden!* Der Mensch hat diese Autorität nicht. Damit ist das sechste Gebot weniger als Beschreibung von verbotenen Einzelhandlungen gedacht, sondern will einen viel wichtigeren, grundlegenden Wert vermitteln: Gott hat die Autorität über das Leben jedes einzelnen Menschen. Wer meint, das Leben eines Menschen antasten zu können, muss zuerst an Gott vorbei. Er darf nur dann töten, wenn das von Gott ausdrücklich legitimiert ist.

Was das sechste Gebot umfasst

Das sechste Gebot schützt also das Leben generell. Kann man trotzdem noch konkreter werden? Welche Formen des Tötens sind denn nun von Gott legitimiert? Man muss an dieser Stelle bedenken, dass die Zehn Gebote im alttestamentlichen Gesetz wie die Spitze eines Eisbergs sind. Sie fassen alle anderen Gebote auf engstem Raum zusammen, stützen sich aber auch auf die anderen Gebote und werden von ihnen erklärt. Was also genau Gott als legitimes und illegitimes Töten ansieht, kann man im weiteren Gesetz deutlich sehen. Dazu gehört natürlich jede Form von Mord. Niemand darf einen anderen Menschen heimtückisch aus Rache, Hass, egoistischen Motiven oder Gewinnsucht töten. Das ist eindeutig auch der Schwerpunkt des sechsten Gebotes. Wer eine sehr einfache Wiedergabe möchte, ist mit „Du sollst nicht morden" schon relativ nah dran am Sinn dieses Gebotes.[5] Aber auch Totschlag, also das unbeabsichtigte Töten eines Menschen, ist in Gottes Augen nicht legitim. Keiner darf aus Nachlässigkeit oder Unachtsamkeit einem anderen Menschen das Leben nehmen.[6] Das geht sogar so weit, dass man Maßnahmen treffen muss, um dies zu verhindern – zum Beispiel, indem man seine Dachterrasse mit einem Geländer versieht, damit niemand herunterfallen kann (5Mo 22,8). Durch die allgemeine Formulierung ist außerdem angedeutet, dass Selbstmord nicht erlaubt ist. Auch dabei greift der Mensch in das Leben ein und entscheidet selbst über Leben und Tod.

Die Absicht verstehen

Dagegen bezieht sich das sechste Gebot nicht auf das Töten zur Selbstverteidigung, wie aus den weiteren Gesetzen des Alten Testaments deutlich wird (2Mo 22,1). Auch die Vollstreckung von Todesurteilen (vgl. schon 1Mo 9,6 und im Gesetz 2Mo 21,12) oder das Töten im Krieg zur Verteidigung sind in Israel nicht verboten. Alle diese Fälle haben gemeinsam, dass sie von Gott für Israel in engen Grenzen legitimiert wurden. Auch diese Legitimation ist jedoch keine Generalerlaubnis. Ist es erlaubt, einen Einbrecher zu stoppen und anschließend auf äußerst gemeine Weise zu töten, weil man Freude daran hat? Sicher nicht. Auch dann wäre die Grenze, das von Gott gegebene Leben zu respektieren, deutlich überschritten. Ähnlich ist es auch im Krieg: Auch hier kann es eine legitime und eine nicht mehr erlaubte Art des Tötens geben. Man braucht nicht besonders spitzfindig sein, um den Befehl Davids, Uria absichtlich an der am meisten umkämpften Stelle der Front einzusetzen (2Sam 11,15), als Mord zu bezeichnen. Genau das tut Gott nämlich durch den Propheten Nathan (2Sam 12,9).

Wie bei allen Geboten des Dekalogs kommt es auch hier darauf an, nicht die vermeintlichen Schlupflöcher, sondern die Absicht hinter dem Gebot zu suchen. Wenn man versteht, dass die grundlegende Aussage ist, dass nicht der Mensch, sondern nur Gott über das

Leben verfügt, dann begreift man, dass das Leben auch dann schon angetastet werden kann, wenn es noch gar nicht um Mord geht. Wie alle anderen Gebote des Dekalogs ist auch das sechste Gebot muster- und modellhaft gemeint und muss auf andere Fälle übertragen werden. Da Leben im Hebräischen nicht einfach nur das physische Vegetieren ist, schützt das Gebot gleichzeitig die Qualität und den Raum des menschlichen Lebens.[7] Es ist daher nicht verwunderlich, dass auch Körperverletzung im alttestamentlichen Gesetz im Zusammenhang mit Mord behandelt wird (2Mo 21,12-25), weil auch hier körperliche Gewalt involviert ist, die das Leben des Nächsten einschränkt. Auch ein stößiges Tier frei herumlaufen zu lassen überschreitet die Grenze dazu, das Leben des Nächsten zu gefährden (2Mo 21,28-32).

Kann man noch weiter gehen?

Man kann es noch weiter ziehen: Kann man auch mit *Worten* Gewalt gegen seinen Nächsten ausüben? Ja, das geht. Auch diese Vergehen werden im Gesetz im Zusammenhang mit Tötungsdelikten behandelt (2Mo 21,12-17). Es ist also nicht verwunderlich, dass Jesus das sechste Gebot genau auf diesen Fall anwendet (Mt 5,21-22). Damit sagt er weder etwas Unerhörtes noch etwas Neues, sondern genau das, was Gott immer schon gemeint hat (Mt 5,17-18).

Und schließlich: Auch wenn es im sechsten Gebot nicht um Tiere geht, wird das Prinzip im weiteren Gesetz auch auf Tiere angewandt. Man zeigt auch dann keinen Respekt vor dem Leben, wenn man seine Zisterne nicht abdeckt, sodass das Tier des Nachbarn hineinfällt und stirbt (2Mo 21,33-34).[8]

Durch Gottes Vorbild motiviert

Wie alle anderen Gebote ist auch das sechste Gebot tief im Kontext des Dekalogs verwurzelt und durch Gott selbst motiviert. Der Mensch soll das Leben schätzen und schützen, weil Gott selbst das auch tut. Jahwe hat die Israeliten aus Ägypten vor dem sicheren Tod gerettet (2Mo 20,2). Er hat sich nicht der Hilfe entzogen, sondern hat in Todesgefahr eingegriffen, um ein Prinzip zu verdeutlichen: Jeder Mensch verdankt sein Leben Gott. Und gerade weil jeder Mensch sein Leben schon durch die Schöpfung Gott verdankt, und gerade weil jeder Erlöste sein Leben in der Erlösung Gott doppelt verdankt, soll jeder Mensch und erst recht jeder Erlöste auch bei dem Mitmensch und Miterlösten diesen Respekt zeigen. Genau das meint das sechste Gebot.

Anmerkungen

1 Von etwa 450 Stellen, in denen im AT mit unterschiedlichen hebräischen Worten vom Töten die Rede ist, wird das in 2Mo 20,13 verwendete Wort nur 47-mal gebraucht. In mehr als der Hälfte dieser Stellen wird es in Gesetzestexten verwendet, davon allein 20-mal als technischer Ausdruck für Totschlag innerhalb eines einzigen Kapitels (4Mo 35).

2 Vgl. dazu D. J. A. Clines, Hg., *The Dictionary of Classical Hebrew* (Sheffield: Phoenix, 1993–2011), VII, S. 546; D. K. Stuart, *Exodus* (The New American Commentary; Nashville: Broadman & Holman Publishers, 2006), 462.

3 Ein Votum gegen die Todesstrafe lässt sich also nicht allein aus dem sechsten Gebot ableiten, vgl. dazu auch J. Steinberg, *Wie Gott uns Raum zum Leben schenkt: Ein Plädoyer für Weite im Glauben* (Witten: SCM R.Brockhaus, 2015), S. 121.

4 Siehe zu dieser Beobachtung N. M. Sarna, *Exodus* (The JPS Torah Commentary; Philadelphia: Jewish Publication Society, 1991), S. 113.

5 In Fachkreisen wird die genaue Bedeutung des sechsten Gebotes viel diskutiert, aber die Übersetzung mit „Du sollst nicht morden" ist gut fundiert, siehe C. Dohmen, *Exodus 19–40* (Herders Theologischer Kommentar zum Alten Testament; Freiburg: Herder, 2012[2]), S. 122; J. H. Tigay, *Deuteronomy* (The JPS Torah Commentary; Philadelphia: Jewish Publication Society, 1996), S. 70; D. K. Stuart, *Exodus* (The New American Commentary; Nashville: Broadman & Holman Publishers, 2006), S. 462; M. Weinfeld, *Deuteronomy 1–11: A New Translation with Introduction and Commentary* (Anchor Yale Bible; New Haven: Yale University Press, 2008), S. 314. Das wird auch dadurch bestätigt, dass die Septuaginta (Übersetzung des AT ins Griechische) für das in 2Mo 20,13 verwendete Wort durchweg mit *phoneuo* (oder mit Substantiven derselben Wortwurzel) übersetzt, das fast immer ein blutiges, gewaltsames Töten, meist im Sinne von „morden" meint. Auch im Neuen Testament wird das sechste Gebot durchweg mit *phoneuo* und damit im Sinne von „morden" wiedergegeben (Mt 5,21; 19,18; Mk 10,19; Lk 18,20; Röm 13,9; Jak 2,11).

6 Es wurde eingewendet, dass man unbeabsichtigtes Töten kaum verbieten kann, vgl. etwa J. H. Tigay, *Deuteronomy* (The JPS Torah Commentary; Philadelphia: Jewish Publication Society, 1996), S. 70. Doch das ist nicht ganz richtig: Ein Verbot von Totschlag warnt vor nachlässigem oder unüberlegtem Verhalten. Außerdem vermittelt das Gebot auch eine Moralvorstellung und zeigt, dass auch unabsichtliches Töten nicht dem Willen Gottes entspricht.

7 So J. Steinberg, *Wie Gott uns Raum zum Leben schenkt: Ein Plädoyer für Weite im Glauben* (Witten: SCM R.Brockhaus, 2015), S. 123.

8 Man beachte, dass auch dieser Fall im Zusammenhang mit Tötungsdelikten behandelt wird, die in 2Mo 21,12-36 abgehandelt werden. Andere Gesetze, die hier genannt werden könnten, sind 5Mo 22,6-7; 25,4.

DAS SIEBTE GEBOT: BEDINGUNGSLOSE EHELICHE TREUE (2MO 20,14)

Du sollst nicht ehebrechen.

Treue in Beziehungen

Das siebte Gebot folgt ganz natürlich auf die vorangegangenen Gebote. Schon im fünften Gebot ist von den zwischenmenschlichen Beziehungen, von Treue und von Verbindlichkeit die Rede. Während es dort um die intensivste und wichtigste Beziehung zwischen den Generationen (Eltern und Kinder) geht, bezieht sich das siebte Gebot auf die intensivste und wichtigste Beziehung, die es zwischen zwei Menschen überhaupt gibt: die Ehe.

5 – 6 – 7 oder 5 – 7 – 6?

Man könnte sich fragen, ob es nicht besser gepasst hätte, wenn diese beiden Beziehungsgebote (fünftes und siebtes Gebot) im Dekalog direkt hintereinander gestanden hätten, ohne dass es zwischen ihnen um das Verbot zu morden (sechstes Gebot) geht. Tatsächlich gibt es eine solche Reihenfolge in alten Manuskripten des griechischen Alten Testaments (Septuaginta). Sie muss immerhin so bekannt gewesen sein, dass sie nicht nur in jüdischen Schriften zur Zeit Jesu, sondern auch im Neuen Testament verwendet wird (Lk 18,20; Röm 13,9 und Jak 2,11). Diese Umstellung ist kein Beleg dafür, dass die Reihenfolge ursprünglich anders gewesen wäre oder umstritten war, denn dafür gibt es zu viele Belege für die tatsächliche Reihenfolge, die wir in 2. Mose 20 und 5. Mose 5 finden.[1] Das absichtliche Tauschen des sechsten und siebten Gebots geht wohl eher darauf zurück, dass man die engen Zusammenhänge zwischen ihnen erkannte und diese durch eine absichtliche Umstellung zum Ausdruck brachte und so die Treue den Eltern und dem Ehepartner gegenüber direkt hintereinander platzierte. Wer lebenslange Treue den Eltern gegenüber gewohnt ist, wird vermutlich auch seinem Ehepartner gegenüber treu sein.

Allerdings gibt es einen ähnlichen Zusammenhang in der tatsächlichen Reihenfolge, wie wir sie in 2. Mose 20,12-14 finden: Wer nämlich das sechste Gebot und damit das von Gott gegebene Leben respektiert und sich jeglicher Gewalt in Tat und Wort enthält, wird kaum in die Ehe als Lebensraum eines anderen eindringen. Obwohl die Gebote fünf bis sieben also eng miteinander zusammenhängen, ist die tatsächliche Reihenfolge bewusst gewählt. Das wird noch deutlicher, wenn man sich daran erinnert, dass die Gebote anhand der Schwere der Vergehen geordnet sind. Weil Mord im Vergleich zu Ehebruch der schwerere Eingriff in das Leben eines anderen ist, ergibt sich die Reihenfolge ganz natürlich. Und es ist auch offensichtlich, dass man erst über Ehe und Ehebruch reden kann, wenn überhaupt jemand lebt und andere leben lässt.

Der Schutzraum der Ehe

Das Wort „ehebrechen" meint die sexuelle Beziehung einer Person (egal ob verheiratet oder unverheiratet) mit einer verheirateten Person.[2] Wieder ist das Gebot äußerst kurz und damit sehr allgemein formuliert. Das zeigt, dass hier sowohl Mann als auch Frau angesprochen sind. Außerdem ist egal, wer den Ehebruch initiiert und ob er verheiratet ist oder nicht. Das siebte Gebot schützt also die Ehe auf eine doppelte Weise:

Es schützt die Ehe einerseits *nach innen*, weil keiner der beiden Ehepartner die Ehe gefährden darf. Dieser Schutz ist wichtig, weil jeder Ehepartner durch das Gebot Gottes vor der Untreue des anderen geschützt wird. Keiner der Ehepartner muss selbst garantieren, dass der andere treu bleibt, sondern er weiß, dass die Ehe von einer stärkeren Autorität geschützt wird, nämlich von Gott selbst. Wer Ehebruch begeht, bekommt es mit Gott zu tun. Beide Ehepartner können sich also sogar in der Ehe auf Gott verlassen, weil Gott die Ehe schützt.

Das siebte Gebot schützt die Ehe aber auch *nach außen*, weil niemand von außen in die Ehe eindringen darf. Die Ehe bleibt ein Schutzraum in der Gesellschaft, der nicht von anderen angetastet werden darf. Das schützt die Ehepartner davor, dass andere die Ehe zu zerstören versuchen, indem sie mit einem der Ehepartner ein Verhältnis beginnen. Nachdem also im sechsten Gebot das *Leben* geschützt wurde, wird im siebten Gebot die *Ehe* als weiterer Schutzraum der Beziehung von zwei Leben gesichert.

Ein schweres Vergehen

Trotz der bewussten Reihenfolge des sechsten und des siebten Gebotes haben beide eines gemeinsam: Der Bruch wird bei beiden mit derselben Strafe, nämlich mit dem Tod, bestraft (wie übrigens bei fast allen Vergehen gegen die Zehn Gebote) – siehe etwa 5. Mose 22,22. Man fragt sich unwillkürlich: Ist Ehebruch wirklich ein todeswürdiges Vergehen? Ist bei einem kleinen Seitensprung wirklich das ganze Leben verwirkt? Wie vernünftig sind Gottes moralische Werte, wenn er Ehebruch im Dekalog direkt hinter Mord positioniert und genauso schwer wie Mord ahndet? Genau genommen offenbart diese Frage mehr über uns und die moralischen Werte unserer Zeit als über Gott. Lange bevor und lange nachdem die Zehn Gebote von Gott gegeben wurden, betrachtete man nicht nur in Israel, sondern auch in den anderen damaligen Völkern Ehebruch selbstverständlich als große Sünde und bestrafte ihn ebenfalls mit dem Tod.[3] Wenn ein moralischer Kompass infrage steht, dann ist das eher der heutige. In welchem Bereich einer Gesellschaft findet man denn die größte Treue, die Menschen einander zeigen können? Ist es ein Arbeitsverhältnis, ein Freundschaftsverhältnis, eine Verwandtschaft in der Familie oder eine geschäftliche Partnerschaft? In keiner anderen Beziehung von Menschen untereinander ist ein so intensiver, intimer und vertrauensvoller Umgang möglich und nötig wie in der Ehe. Das Miteinander in der Ehe ist die Paradedisziplin zwischenmenschlicher Treue und Beziehungstiefe. Mit anderen Worten: Wie es um die zwischenmenschliche Treue in einer Gesellschaft bestellt ist, erkennt man an ihren Ehebeziehungen.[4] Wer in dieser Beziehung untreu ist, zeigt, wie schwer ihm zwischenmenschliche Treue fällt. Umgekehrt wird jemand, der in der allerwichtigsten Beziehung für einen Menschen überhaupt - in der Beziehung zu Gott - Treue zeigt, dies auch in der wichtigsten zwischenmenschlichen Beziehung tun. Und wer in der Ehe treu ist, wird auch den Geschäftspartner nicht leichtfertig übers Ohr hauen. Es ist daher kein Zufall, dass gerade die Ehe im Dekalog angesprochen wird. Neben der Großfamilie (viertes Gebot) und der Beziehung zu den Eltern (fünftes Gebot) ist die Ehe der Kern der Gesellschaft.

Die Ehe als Gradmesser der Treue

Die Ehe ist daher der Gradmesser für die Treue einer Gesellschaft in Beziehungen und für ihre Treue zu Gott. Wenn Israel die Ehe nicht achtet, ist auch keine Treue gegenüber Gott und dem Bund mehr möglich. Es ist deshalb kein Zufall, dass gerade der Bund Israels mit Gott an vielen Stellen des AT mit einer Ehe verglichen wird (Jes 49,18; 50,1; 54,5-8; Jer 2–3; 31,31-32; Hes 16; 23; Hos 1–3). Die Zehn Gebote selbst beginnen mit etlichen Anspielungen, die das Verhältnis Israels zu Gott als Liebesbeziehung beschreiben.[5] Der Sinaibund gleicht in dieser Beziehung der Eheschließung. Wie die menschliche Eltern-Kind-Beziehung letztlich nur ein Spiegel der Vater-Sohn-Beziehung Israels zu Gott ist, so ist auch die menschliche Ehebeziehung ein Spiegelbild der Liebesbeziehung der Erlösten zu Gott. Ein weiteres Mal ist die Reihenfolge der Zehn Gebote wichtig: Indem zuerst die Liebesbeziehung zu Gott steht, wird deutlich, dass die menschlichen Liebesbeziehungen nicht *Urbild,* sondern *Abbild* der Beziehung Gottes zu den Erlösten sind.[6] Gott vergleicht nicht einfach seine Beziehung zu den Erlösten mit einer menschlichen Liebesbeziehung, sondern die menschlichen Liebesbeziehungen in der Ehe sind nur ein Abbild der Beziehung, die Gott zu den Erlösten haben möchte.[7] Die Ehe ist daher das, was auf zwischenmenschlicher Ebene zu der Beziehung korrespondiert, die Gott zu den Erlösten hat. Wer also den Bund in Treue und Liebe zu Gott lebt, wird das auch in der zwischenmenschlichen Treue- und Liebesbeziehung der Ehe tun. Umgekehrt führt die mangelnde Treue im Bund mit Gott (der mit der Ehe verglichen wird) dazu, dass alle Hürden für zwischenmenschlichen Ehebruch fallen. Es ist daher nur folgerichtig, dass Israels Untreue Gottes Bund gegenüber so oft mit dem Bild der Hurerei beschrieben wird. Wie eng dieser Bezug ist, wird daran deutlich, dass das in 2. Mose 20,14 verwendete Wort „ehebrechen" im Alten Testament an einem Drittel der Stellen in einem übertragenen Sinn für einen geistlichen Ehebruch gebraucht wird.[8]

Motiviert aus der Beziehung zu Gott

Obwohl sich damit der moralische Anspruch ehelicher Treue in Israel nicht von dem der Nachbarvölker unterscheidet, hat er doch eine völlig andere Grundlage. Er basiert ausschließlich auf der Beziehung Gottes zu seinem Volk. Damit ist auch ganz deutlich, was die eheliche Treue motivieren soll: Es ist nicht ein hoher Moralkodex, auch nicht die Angst vor Strafe. Es ist die Beziehung zu Gott. Sie ist der Ausgangs- und Zielpunkt aller Gebote. Ohne diese Beziehung wird das Einhalten der Zehn Gebote zur leeren Hülle ohne Sinn. Gott selbst lebt in seinem Umgang mit Israel vor, wie Treue aussieht. Er hat Israel gerettet, in Liebe zu sich gebracht (2Mo 19,4), liebt es mit leidenschaftlicher Liebe (2Mo 20,5) und erweist ihm eine im menschlichen Bereich nicht vorstellbare Treue und Liebe (2Mo 20,6). Er toleriert keinen geistlichen Ehebruch in Form von Fremdgötterei, sondern ist leidenschaftlich um sein Volk bemüht (2Mo 20,4-6). Er bleibt

Israel sogar dann treu, als das Volk den Bund bricht.[9] Die Bundesbeziehung Gottes ist der Maßstab für unsere eigene Beziehung. Gott selbst ist damit Ausgangspunkt und Vorbild. Die Aufgabe der Erlösten ist es, darauf zu reagieren und diese Treue und Liebe Gott gegenüber zu erwidern. Die zwischenmenschliche Treue und Liebe ist dann das Abbild der Beziehung zu Gott und damit vollständig von dieser motiviert. *Das* ist es, was Israel so stark von seinen Nachbarvölkern unterscheidet. Und genau diese Qualität von Ehe ist es, die so deutlich sein soll, dass die anderen Völker am zwischenmenschlichen Verhalten etwas über die Beziehung zu Gott lernen.[10]

Sexuelle Reinheit

Doch wie alle anderen Gebote des Dekalogs ist auch das siebte Gebot muster- und modellhaft, also als Beispiel für verwandte Bereiche des Lebens gedacht. Es behandelt deshalb die Ehe, weil Ehebruch das schlimmste Vergehen im Bereich der Sexualität ist. Wenn dieses verboten ist, sind auch alle anderen Vergehen im Bereich der Sexualität mit gemeint. Durch den musterhaften Charakter wird aber die intimste Beziehung als Maßstab für alle anderen gewählt, wie die weiteren Gesetze bestätigen. Im alttestamentlichen Gesetz werden daher auch vorehelicher Geschlechtsverkehr, praktizierte Homosexualität, Bestialität oder Scheidung verboten.[11] Das siebte Gebot steht damit stellvertretend für den gesamten Bereich der sexuellen Reinheit. Es enthält außerdem Werte wie Ehrlichkeit, Treue zu Versprechen, Selbstkontrolle, Liebe, Kontrolle der Lust und die Pflege persönlicher Beziehungen.[12] Bei Ehebruch werden alle diese Werte verletzt. Das siebte Gebot will sie schützen.

Anmerkungen

1 Alle heute verfügbaren hebräischen Manuskripte, eine große Anzahl alter jüdischer Auslegungen und Stellen im Neuen Testament (Mt 5,27; 19,18; Mk 10,19; 1Tim 1,9-10) zeigen, dass die Reihenfolge in 2Mo 20 und 5Mo 5 die bekannte und ursprüngliche Reihenfolge der Gebote war. Zur Zeit Moses konnte man natürlich einfach auf den von Gott beschriebenen Tafeln nachschauen.

2 Das ist eine vereinfachte Definition, siehe für eine differenzierte Analyse (auch im Hinblick auf Polygamie) T. D. Alexander, *Exodus* (Apollos Old Testament Commentary; London: Apollos, 2017), S. 417–419.

3 Siehe dazu E. M. Yamauchi und M. R. Wilson, *Dictionary of Daily Life in Biblical and Post-Biblical Antiquity: Volumes I-IV* (Peabody: Hendrickson, 2014–2016), I, S. 18–24; D. N. Freedman, G. A. Herion, D. F. Graf, J. D. Pleins und A. B. Beck, Hg., *The Anchor Bible Dictionary: Volumes I-VI* (New York: Doubleday, 1992), I, S. 82–86. Interessant sind hier auch die drei biblischen Stellen in 1Mo 20,9; 26,10; 37,9, die alle voraussetzen, dass Ehebruch im Umfeld Israels ganz selbstverständlich als große Sünde angesehen wurde.

4 Diesen Gedanken verdanke ich T. D. Alexander, *Exodus* (Apollos Old Testament Commentary; London: Apollos, 2017), S. 420.

5 Dies sind neben dem Kontext des Sinaibundes, der bereits im Vorfeld mit der Sprache einer Liebesbeziehung verglichen wird (2Mo 19,5), im Dekalog selbst die Bundesformel im Prolog (2Mo 20,2), die drei Anspielungen in den Formulierung „keinen anderen", „neben mir" und „mir sein" im ersten Gebot (2Mo 20,3), die Nennung leidenschaftlicher Liebe im zweiten Gebot (2Mo 20,5) sowie die direkte Thematisierung von Liebe und Treue in der Beziehung zwischen Gott und Menschen im zweiten Gebot (2Mo 20,6).

6 Genau diesen Gedanken deutet auch Paulus in Eph 5,32 an, siehe dazu P. T. O'Brien, *The Letter to the Ephesians* (The Pillar New Testament Commentary; Grand Rapids: Eerdmans, 1999), S. 434–435.

7 Dieser Gedanke ist bereits in der Erschaffung von Mann und Frau im „Bild" Gottes (1Mo 1,27) angelegt: Der Mensch *als Mann und Frau* ist ein Abbild Gottes und soll auf menschlicher Ebene die Beziehung widerspiegeln, die es bereits im himmlischen Bereich Gottes gibt und die dieser mit den Menschen leben möchte. Weitere Aspekte zur Ehe als Abbild der Beziehung Gottes zu seiner Gemeinde gibt J. Piper, *Einfach himmlisch! Was die Ehe über Gott zeigt* (Bielefeld: CLV, 2019), S. 27–35.

8 W. A. VanGemeren, Hg., *New International Dictionary of Old Testament Theology & Exegesis* (Grand Rapids: Zondervan, 1997), III, S. 4.

9 Dies geht im Gesetz selbst deutlich aus 2Mo 34,6-7; 5Mo 7,9 und 3Mo 26,44-45 hervor. Wie und warum die Treue Gottes zu Israel sogar die Untreue Israels

überdauert und überwindet, habe ich ausführlich erklärt in: B. Lange, *Gott bleibt Israel treu: Die Bundesbeziehung Gottes zu Israel im Sinaibund als Argumentationsgrundlage in Römer 9–11* (Edition Israelogie, Bd. 10; Frankfurt a. M.: Peter Lang, 2017).

10 Dies ist das Ziel des Sinaibundes überhaupt, wie es in 2Mo 19,5-6 formuliert wird. Das Gesetz als Bundesurkunde dient in Israel also ganz wesentlich dazu, den anderen Völkern im zwischenmenschlichen Bereich das Wesen Gottes zu vermitteln (5Mo 4,6-8).

11 Vgl. etwa 2Mo 22,15-18; 3Mo 18; 20,15-19; 21,13-14; 5Mo 22,13-22; 27,21; siehe dazu D. K. Stuart, *Exodus* (The New American Commentary; Nashville: Broadman & Holman Publishers, 2006), S. 464.

12 T. D. Alexander, *Exodus* (Apollos Old Testament Commentary; London: Apollos, 2017), S. 420.

DAS ACHTE GEBOT: EIGENTUMSRECHT RESPEKTIEREN (2MO 20,15)

Du sollst nicht stehlen.

Ein weiterer Schutzring

Auch das dritte und letzte der nur aus zwei Worten bestehenden Gebote sechs bis acht schützt einen bestimmten Lebensbereich. Im sechsten Gebot wurde das Leben selbst und im siebten Gebot die intimste menschliche Beziehung geschützt. Schon beim Schutz der Ehe wurde deutlich, dass Gott den Lebensraum zweier Menschen durch Zugriffe von außen schützt. Das achte Gebot erweitert den Kreis von Beziehungen auf materielle Dinge und Eigentum.

Stehlen ist Stehlen

Das achte Gebot ist vielleicht das Gebot, das am einfachsten zu verstehen ist und auch keinen Anlass zu Missverständnissen gibt. Ausnahmsweise brauchen wir keinen Blick in hebräische Wortbedeutungen oder grammatikalische Feinheiten zu werfen. „Du sollst nicht stehlen“ heißt einfach „Du sollst nicht stehlen“! Obwohl das Gebot so einfach verständlich und auch heute noch selbstverständlich klingt, enthält es ein sehr wichtiges Prinzip, ohne das menschliches Zusammenleben nicht möglich wäre: das Recht auf Eigentum. Wieso ist das so wichtig? Mit dem persönlichen Eigentum hängen andere Werte zusammen, die für das Zusammenleben, für Wachstum und letztlich für die Erfüllung des Schöpfungsauftrages entscheidend sind. Gott schützt durch das achte Gebot daher eine ganze Reihe von Werten.

Der Wert der eigenen Arbeit

Gott schützt zunächst *den Wert der eigenen Arbeit:* Ohne Eigentum hat die eigene Arbeit keinen Gegenwert. Damit verliert sie eine wesentliche Motivation, weil es sich dann nicht mehr lohnt, die Früchte der eigenen Arbeit zu genießen.[1] Wer von der eigenen Arbeit nichts hat, wird in der Regel schnell demotiviert. Erst dann, wenn das Eigentum bei dem bleibt, der es erarbeitet hat, und nicht von anderen weggenommen und gestohlen wird, lohnt sich die Arbeit. Zudem wird durch das achte Gebot auch *langfristige Arbeit lohnend:* Erst in einer Gesellschaft, in der das Eigentum vor Diebstahl geschützt ist, kann man verlässlich planen und langfristig an Zielen arbeiten. Mehr noch: Das Verbot zu stehlen macht Arbeit sogar *notwendig*, und zwar für jeden Einzelnen. Schon im vierten Gebot ist angedeutet, dass Arbeit einen Platz im Leben hat. Diese Arbeit des Menschen ist von Beginn an in der Schöpfung vorgesehen (1Mo 2,15) und wird im siebten Gebot von Gott geschätzt, gewürdigt und geschützt. Wer stiehlt, missachtet den Wert der Arbeit und damit das, was Gott dem Menschen aufgetragen hat. Davor will Gott die Israeliten schützen. Der Schutz gilt natürlich zunächst dem, der sonst bestohlen wird. Aber er gilt auch dem, der zu stehlen beabsichtigt, weil es ihm selbst schaden wird, wenn er an Gottes Ziel für den Menschen vorbeilebt.

Schutz der Schwachen

Wie in allen Geboten ist auch das achte Gebot vor allem ein Schutz der Schwachen. Das wird ersichtlich, sobald man sich fragt, wer denn stehlen kann. In der Regel ist es der, der stärker oder schlauer ist und jemand anderen ausnutzen kann. Das Gebot richtet sich an den, der stehlen will und kann und dadurch einen anderen, der ihm unterlegen ist, ausbeutet. Es wäre daher eine Umkehrung des Gebotes, wenn ein Israelit zwar nicht offensichtlich stehlen, aber seine Untergebenen gnadenlos ausnutzen würde. Es geht aber noch weiter: Ist es nicht sogar schon eine Form des Stehlens, wenn man indirekt dafür verantwortlich ist, dass jemand anderes um seinen Besitz gebracht wird? Zum Beispiel dadurch, dass man Verlorenes nicht zurückgibt? Es ist interessant, dass genau dieser Fall im Bundesbuch behandelt wird: „Wenn du das Rind deines Feindes oder seinen Esel umherirrend antriffst, sollst du sie ihm auf jeden Fall zurückbringen" (2Mo 23,4). Das achte Gebot steht also stellvertretend für alle anderen Fälle, in denen man Eigentum nimmt, schmälert oder vorenthält. Das schlimmste Vergehen in diesem Bereich ist Stehlen, daher wird dieser Fall in den Zehn Geboten behandelt. Darin sind jedoch alle geringeren Vergehen bezüglich des Eigentums eingeschlossen.

Gott und Eigentum

Auch das achte Gebot ist eng mit dem Kontext des Sinaibundes und des Auszugs aus Ägypten verbunden. Gott hat Israel durch die Herausführung aus Ägypten bildlich freigekauft. Das Volk gehört ihm daher als Eigentum, wie er bereits bei der Ankündigung des Bundes sagt (2Mo 19,5). Dabei wird ein sehr spezielles Wort für „Eigentum" benutzt, das an anderen Stellen einen besonders wertvollen Schatz, nämlich den königlichen Privatschatz (Pred 2,8; 1Chr 29,3), meint. Während der König über sein ganzes Land regieren und verfügen konnte, war dieser Schatz sein persönliches, kostbarstes Eigentum, das seine ganze Herrlichkeit zur Schau stellen sollte.[2] Damit drückt Gott den Wert aus, den Israel in seinen Augen hat. Er wird das Volk unter keinen Umständen wieder hergeben oder zulassen, dass andere es ihm entreißen – genau das hat er nämlich bei der Herausführung aus Ägypten bewiesen (2Mo 4,22-23; 14,13-14; 15,16). Er verteidigt sein Eigentum und bewahrt es. Genau das ist das große Glück der Erlösten, das durch die Zusage Gottes auf alle Zeiten versiegelt wird: Sie sind sein Eigentum und er sorgt für sie. Keine Macht der Welt kann sie aus seiner Hand rauben (vgl. Joh 10,28-29). Eigentum ist daher zuallererst etwas, das Gott gehört. Es hat mit Verantwortung und Fürsorge zu tun. Vor diesem Hintergrund wird der Sinn des achten Gebotes erkennbar: Was Gott bei seinen Erlösten tut, soll Israel im Alltag widerspiegeln. Das heißt zunächst: Wen Gott erlöst hat, der darf – auch was seinen Besitz betrifft – nicht von anderen angetastet werden. Umgekehrt gilt aber auch: Wer von Gott erlöst wurde und das zum Leben Notwendige von ihm geschenkt bekam, darf sich nicht das Recht herausnehmen, einem anderen Erlösten etwas zu stehlen. Das wäre ein doppeltes Vergehen: Es würde nicht nur Undankbarkeit gegenüber der eigenen Erlösung zeigen, sondern in Gottes Eigentumsrecht eingreifen, dem auch der andere mit seinem Besitz gehört.

Du brauchst nicht zu stehlen

Auf einer noch tieferen Ebene ist aber das Eigentum dadurch, dass Gott selbst das beste Vorbild ist, in den Rahmen der Liebes- und Fürsorgebeziehung zu seinem Volk gestellt. Da alle Israeliten als Erlöste und aller materieller Besitz Israels letztlich Gott gehören, sorgt er für dieses Eigentum am besten. Wer stiehlt, misstraut dieser Fürsorge und gibt zu erkennen, dass er sich von Gott nicht versorgt sieht. Er zeigt Unzufriedenheit und Gier nach mehr als dem, was Gott ihm zugeteilt hat. Das ist das Prinzip der Ursünde, die der Menschheit den ganzen Fluch der Sünde bescherte. Auch das Verhalten der ersten Menschen im Garten Eden drückte aus, dass Gott ihnen etwas Gutes vorenthielt, und war von Begierde nach Dingen geprägt, die über das hinausgingen, was Gott ihnen gegeben hatte (vgl. 1Mo 3,5-6). Hinter dem achten Gebot steht aber eine ganz einfache Wahrheit: Gott sorgt so gut für die Seinen, dass Stehlen nicht notwendig ist. Erst wer Vertrauen in diese Fürsorge hat, kann aufhören, nach dem Besitz des Nächsten zu schielen. In diesem Sinne kann das Gebot auch heißen: Du brauchst nicht zu stehlen, denn ich versorge dich mit allem, was du brauchst.

Anmerkungen

1 Das ist ein alttestamentliches Prinzip (vgl. 5Mo 20,6; 25,4; Spr 27,18), das auch im Neuen Testament vielfach aufgenommen wird (Lk 10,7; 1Kor 9,7-10; 1Tim 5,18; 2Tim 2,6).

2 E. Jenni und C. Westermann, Hg., *Theologisches Handwörterbuch zum Alten Testament: Bände I & II* (Gütersloh: Gütersloher Verlagshaus, 2004), II, S. 142–143

DAS NEUNTE GEBOT: KEINE FALSCHE BESCHULDIGUNG (2MO 20,16)

Du sollst gegen deinen Nächsten nicht als falscher Zeuge aussagen.

Der Kreis weitet sich

Beim Gang durch die Zehn Gebote kann man erleben, dass sich der Kreis von der Beziehung zu Gott (Gebote 1-2) und dem Verhalten ihm gegenüber (Gebote 3-4) immer mehr weitet, sodass schließlich Autoritäten generell (Gebot 5) und zwischenmenschliche Beziehungen (Gebote 6-8) thematisiert werden. Wie beim Verhalten Gott gegenüber zunächst die Taten (Gebote 1-2) und dann die Worte (Gebot 3) behandelt wurden, so ist es auch im Bezug auf den Mitmenschen. Auf das Verbot von Taten, die das Leben, die Ehe oder den Besitz eines anderen Menschen bedrohen, folgt nun das neunte Gebot in Bezug auf das Problem, dem Nächsten mit Worten zu schaden. Obwohl sich schon die Gebote 5-8 in der einen oder anderen Form mit dem Mitmenschen beschäftigen, wird „der Nächste" erstaunlicherweise erst im neunten Gebot direkt genannt. Das zeigt, dass es im Gegensatz zu den Geboten, die sich mit Mord, Ehebruch und Diebstahl beschäftigen, weniger um die Tat an sich geht, sondern vielmehr um eine Einstellung, Verantwortung und Verhaltensweise gegenüber dem Nächsten. Doch um das zu verstehen, muss zuerst die folgende Frage geklärt werden:

Wer ist mein Nächster?

Das fragt auch ein Pharisäer Jesus und bekommt eine fast schon schockierende Antwort (nachzulesen in Lk 10,25-37): Der Nächste ist jeder, mit dem ich in Kontakt komme und der meine Hilfe braucht. Doch wie sieht es im alttestamentlichen Kontext aus? Was hat ein Israelit unter seinem „Nächsten" verstanden? Ein verbreitetes Missverständnis besteht darin, das der „Nächste" in Israel nur ein Volksgenosse ist, mit dem man häufig zu tun hat. Natürlich fällt so jemand auch unter den Begriff „Nächster", aber dieser umfasst noch sehr viel mehr. Der Nächste kann ein Freund, Bekannter, Kollege oder Geschäftspartner sein, mit dem man häufig zu tun hat. Allerdings ist der Nächste ganz wörtlich einfach jemand, mit dem man irgendetwas zu tun hat – und die Art der Verbindung kann tatsächlich sehr lose sein.[1] Sie beschränkt sich nicht nur auf Volksgenossen, sondern bezieht sich in 2. Mose 11,2 sogar auf Ägypter. Auch ist damit nicht zwingend jemand gemeint, den man vorher schon kennt, sondern einfach jemand, mit dem man in irgendeiner Weise zu tun hat. Mit anderen Worten: Jeder kann mein Nächster sein.[2] Der alttestamentliche Sinn von „dein Nächster" entspricht ziemlich exakt dem, was auch Jesus im Gleichnis vom barmherzigen Samariter in Lukas 10,25-37 zum Ausdruck bringt.[3] Die letzten beiden Gebote des Dekalogs weiten also den Kreis der zwischenmenschlichen Beziehungen so weit aus, dass nun jeder, mit dem ein Mensch zu tun hat, in den Blick rückt.

Mehr als Lüge

Doch um welches Verhalten dem Nächsten gegenüber geht es beim neunten Gebot genau? Wer einen Passanten auf der Straße nach den Zehn Geboten fragt, würde als eines der Gebote sicher irgendwann „Du sollst nicht lügen" hören – womit das neunte Gebot gemeint ist. Tatsächlich ist es aber ein Missverständnis, das neunte Gebot auf das Verbot der Lüge zu reduzieren. Im Gegensatz zu den drei vorangegangenen Geboten, die mit „Du sollst nicht töten", „Du sollst nicht ehebrechen", „Du sollst nicht stehlen" sehr kurz formuliert sind (im Hebräischen jeweils nur zwei Worte), fällt das neunte Gebot aus dieser Reihe heraus und ist wieder ausführlicher formuliert. Im Hebräischen hätte es natürlich durchaus Möglichkeiten gegeben, einfach „Du sollst nicht lügen" zu formulieren, aber das geschieht hier absichtlich nicht. Es geht nämlich um wesentlich mehr als nur um Lüge. Das neunte Gebot ist voll von juristischen Begriffen. Dazu gehört der Ausdruck „aussagen gegen", „falsch" und „Zeuge". Das Gebot zielt also auf einen sehr speziellen Kontext, in dem ein Zeuge vor Gericht steht und dort eine Aussage zu Protokoll gibt, die für den Ausgang der Verhandlung entscheidend ist. Um welche Frage es im Prozess geht, wird dabei nicht näher beschrieben, aber man muss bedenken, dass Zeugen in Israel nur bei schwerwiegenden, meist todeswürdigen Verbrechen auftraten. Um das Gebot in seiner Zuspitzung zu verstehen, ist ein kurzer Blick in das israelitische Gerichtswesen notwendig, das ganz anders als unser heutiges Prozesswesen funktionierte.

Der Zeuge ist ein Ankläger

Im Gegensatz zum modernen Prozessrecht gab es in Israel keine Zeugen in der Verteidigung, sondern nur in der Anklage.[4] Das ist für moderne Leser ungewohnt. Wenn man in Israel einen Prozess beginnen wollte, waren dafür zunächst zwei oder drei Zeugen notwendig, die das Vergehen mit eigenen Augen gesehen hatten (5Mo 17,6; 19,15). Die scheinbar ungenaue Angabe von zwei oder drei Zeugen erklärt sich daraus, dass der Ankläger selbst unter die Zeugen gerechnet werden konnte.[5] Es waren also ein Ankläger und zwei weitere Zeugen notwendig, insgesamt also zwei (ohne Ankläger) oder drei (mit Ankläger) Zeugen. Der Angeklagte hatte nun die Wahl: Entweder er gestand seine Schuld ein und ließ sich überführen. Oder er hatte selbst Zeugen, die dafür eintreten konnten, dass er keines Vergehens schuldig war. Da Zeugen jedoch immer nur als Ankläger auftraten, kam es in diesem Fall nicht zu einer bloßen Verteidigung, sondern zu einer Gegenanklage: Der ehemals Angeklagte versuchte nun seinerseits mit seinen Zeugen, die anderen Zeugen der Lüge zu überführen. Wenn dies gelang, bekam der falsche Ankläger mit seinen Zeugen die Strafe, die er seinem Prozessgegner zugedacht hatte (5Mo 19,19). In Israel gab es also am Ende eines Prozesses fast immer ein Todesurteil: Entweder der Ankläger und seine Zeugen konnten den Angeklagten überführen und verurteilen, oder sie wurden in einer Gegenanklage selbst der falschen Anklage überführt und damit verurteilt. Wenn also im neunten Gebot davon die Rede ist, nicht als falscher Zeuge aufzutreten, geht es darum, sich nicht als falscher Zeuge in eine ernste Anklage gegen seinen Nächsten einspannen zu lassen. Das geht auch aus dem Wortlaut des neunten Gebotes selbst hervor, denn die verwendete Formulierung „aussagen gegen" wird nur dann gebraucht, wenn es um eine Anklage geht.[6] Das Gebot hat also einen sehr speziellen Fall im Blick: Es warnt davor, seinen Nächsten nicht *zu Unrecht zu beschuldigen.*

Es geht um einen ernsten Fall

Prozessfälle, in denen Zeugen auftraten, waren in Israel also keine Lappalien – allein schon deshalb nicht, weil auch für die Zeugen ihr eigenes Leben auf dem Spiel stand! Doch sie waren auch aus einem anderen Grund keine Lappalien: Zeugen werden nur bei schweren Vergehen genannt. Die Stellen, in denen im Alten Testament die Notwendigkeit zu zeugen betont wird, handeln vor allem von todeswürdigen Vergehen, also von Kapitalverbrechen (5Mo 17,4-7). Allerdings kann sich eine Aussage vor Gericht auch auf andere Fälle beziehen, in denen nicht gleich ein Todesurteil erwartet wurde (5Mo 19,15). Man kann also noch konkreter werden: Das neunte Gebot warnt davor, das Leben seines Nächsten zu gefährden oder ihm auf andere Weise zu schaden, indem man ihn zu Unrecht vor Gericht anklagt. Der Sinn des neunten Gebotes liegt darin, dass es den ganzen Bereich der Rechtsprechung mitbehandelt. Menschen sind grausame Wesen, die immer neue Wege suchen, dem anderen eins auszuwischen. Eine Anklage vor Gericht wirkt so, als wolle man nur der Gerechtigkeit Genüge tun, in Wirklichkeit aber sind die Motive reine Bosheit. Das neunte Gebot geht daher einen Schritt weiter als die vorherigen Gebote: Es ist nicht nur verboten, seinem Nächsten offensichtlich etwas Böses anzutun, sondern auch, dies auf verschleierte und äußerlich sogar fromm getarnte Weise zu tun. Ähnlich wie das dritte Gebot davor warnt, den Namen Gottes für die eigenen Zwecke zu missbrauchen, warnt das neunte Gebot davor, die Gerechtigkeit und Wahrheit für die eigene Lüge zu missbrauchen. Wenn man bedenkt, dass todeswürdige Vergehen in Israel fast ausnahmslos religiöser Natur waren, klingt noch ein anderer Aspekt mit: Man darf unter keinen Umständen unter dem Vorwand, Gottes Willen durchzusetzen, die Lüge vertreten.

Wahrheit und Lüge

Im Wortlaut des neunten Gebots ist eigentlich nicht von einem „falschen" Zeugen, sondern von einem „Zeugen der Lüge" die Rede. Bedenkt man wieder, dass in den Zehn Geboten jeweils das schlimmste Vergehen aus einem Bereich genannt wird, wird klar, dass hier alle Vergehen eines falschen Auftretens vor Gericht behandelt werden. Eine Lüge vor Gericht vorzubringen, ist außerdem das dreisteste Vergehen, das man im Bereich der Worte und Wahrheit begehen kann. Nirgendwo ist ein Wort so lebenswichtig wie vor Gericht. Nirgendwo ist die Wahrheit so entscheidend wie dort, wo in der Gesellschaft zwischen Recht und Unrecht unterschieden werden soll. Damit behandelt das Gebot aber auch alle anderen Fälle, in denen Lüge im Spiel ist. Die Forderung „Du sollst nicht lügen" ergibt sich also durchaus aus dem neunten Gebot, auch wenn das Gebot noch konkreter ist. Dabei ist der Begriff „Lüge" in dem Ausdruck „Zeuge der Lüge" bewusst gewählt. Lügen kann nur, wer die Wahrheit kennt, sie aber bewusst verdreht. Man kann aus Nachlässigkeit oder Unwissenheit die Unwahrheit sagen oder einen Teil der Wahrheit unterschlagen. „Lügen" aber ist noch stärker, weil man damit die Wahrheit ganz bewusst verdreht.

Heuchelei oder Mut zur Wahrheit?

Man kann sich fragen, was einen Zeugen bewegen sollte, so schamlos und hinterhältig vor Gericht aufzutreten. Der naheliegendste Grund ist, sich selbst bereichern (Bestechungsgeld) oder dem Nächsten bewusst schaden zu wollen (Rache, Bosheit). Das neunte Gebot warnt also grundsätzlich davor, sich selbst zu bereichern, indem man den Nächsten schlecht macht. Das muss nicht erst vor Gericht geschehen. In dem großen Bogen, der innerhalb der Zehn Gebote sichtbar ist, kommt das neunte Gebot schon sehr nahe an die inneren Motive heran. Im Gegensatz zu den anderen Geboten muss ein Lügenzeuge wissen, dass er etwas Falsches tut und es bewusst verschleiert und sogar als gut darstellt. Das ist eigentlich die denkbar größte Heuchelei im zwischenmenschlichen Bereich. Das neunte Gebot warnt damit also zugleich vor allen Formen von zwischenmenschlicher Heuchelei. Diese haben im Leben in einer engen Beziehung mit Gott keinen Platz.

Doch es gibt noch einen anderen Grund, aus dem man vor Gericht versucht sein könnte, zu lügen: Aus Angst vor einem noch größeren persönlichen Schaden. Je nachdem, wer in Israel gerade mächtig und einflussreich war, konnte es vorkommen, dass jemand aus Angst vor diesem Einfluss versucht war, einem Menschen gegen die Wahrheit nach dem Mund zu reden. Das neunte Gebot fordert daher dazu auf, der Wahrheit auch dann verpflichtet zu sein, wenn es persönliche Nachteile mit sich bringt oder wehtut. In wichtigen Situationen muss die Wahrheit hochgehalten werden.

Ein sauberes Rechtssystem

Ein letzter Grund, weshalb der gesamte Bereich der Justiz und der Verpflichtung zur Wahrheit in den Zehn Geboten mit einem eigenen Gebot angesprochen wird, hat damit zu tun, wie wichtig ein sauberes Rechtssystem ist. Wenn das Rechtssystem korrupt ist, gibt es nichts mehr, was das Unrecht aufhalten könnte. Das neunte Gebot ist zutiefst in der Eigenschaft Gottes als Gott des Rechts und der Gerechtigkeit verwurzelt. Wer in der Beziehung mit diesem Gott lebt, darf sich nicht der Ungerechtigkeit verschreiben. Man merkt bereits, dass die Zehn Gebote durch die Thematisierung von Heuchelei sowie einer innerlich bewussten Lüge und Ungerechtigkeit immer stärker auf den Bereich der inneren Motive zusteuert. Das ist ein Bereich, der in den Gesetzestexten der damaligen und auch heutigen Zeit einfach nicht vorkommt, aber im Dekalog im großen Finale des zehnten und letzten Gebotes in aller Deutlichkeit formuliert wird – man darf gespannt sein (oder gleich umblättern)!

Anmerkungen

1 Eine Übersicht über die Bedeutungsbreite des hebräischen Begriffes gibt W. A. VanGemeren, Hg., *New International Dictionary of Old Testament Theology & Exegesis* (Grand Rapids: Zondervan, 1997), III, S. 1144–1145.

2 Siehe für eine gute Erklärung zum Begriff „Nächster“: B. Jacob, *Das Buch Exodus* (Stuttgart: Calwer, 1997), S. 582–583.

3 Vor diesem Hintergrund kann man nur erstaunt sein, was bereits in dem Gebot „Du sollst deinen Nächsten lieben wie dich selbst“ (3Mo 19,18) enthalten ist. Es schließt sogar Fremde ein. Mehr noch: In den Erklärungen des Bundesbuches, die direkt auf den Dekalog folgen, wird sogar der „Feind“ in den liebevollen Umgang mit eingeschlossen, den man mit anderen Menschen haben soll (2Mo 22,4; vgl. ähnlich auch 3Mo 19,33-34; Spr 25,21-22). Es stimmt also nicht, dass im Alten Testament keine Nächstenliebe geboten oder sogar das Hassen des Feindes empfohlen wurde. Oberflächlich betrachtet scheint Mt 5,43 zwar genau das auszusagen, allerdings ist die von Jesus zitierte Aussage keine Aussage des Alten Testaments, sondern eine tradierte und falsche jüdische Lehrmeinung, der sich Jesus entgegenstellt. Siehe dazu G. Maier, *Das Evangelium des Matthäus: Kapitel 1–14* (Historisch-Theologische Auslegung Neues Testament; Witten: SCM R.Brockhaus, 2015), S. 3320333. Jesus legt also vielmehr das frei, was das Alte Testament immer schon gesagt hat.

4 Die Inhalte dieses Abschnitts kann man ausführlich nachlesen in meinem Buch zum Prozessrecht in alttestamentlicher und neutestamentlicher Zeit: B. Lange, *Der Richter und seine Ankläger: Eine narratologische Untersuchung der Rechtsstreit- und Prozessmotivik im Johannesevangelium* (Wissenschaftliche Untersuchungen zum Neuen Testament. 2. Reihe, Bd. 501; Tübingen: Mohr Siebeck, 2019), S. 42–55.60–64.

5 Der Zeuge wurde wie ein Ankläger behandelt, wie man auch daraus ersehen kann, dass der Zeuge in alttestamentlicher Zeit nicht (wie heute) eine neutrale

Aussage zu Protokoll gibt, sondern von vornherein immer „gegen" jemanden redet (5Mo 19,15) und anschließend auch selbst die Urteilsvollstreckung vollziehen muss (5Mo 17,7).

6 P. Bovati, *Re-establishing Justice: Legal terms, Concepts, and Procedures in the Hebrew Bible* (Journal for the Study of the Old Testament Supplement Series, Bd. 105; Sheffield: Sheffield Academic, 1994), S. 300.

DAS ZEHNTE GEBOT: KEINE BEGIERDE IN GEDANKEN (2MO 20,17)

Du sollst nicht das Haus deines Nächsten begehren. Du sollst nicht begehren die Frau deines Nächsten, noch seinen Knecht, noch seine Magd, weder sein Rind noch seinen Esel, noch irgendetwas, was deinem Nächsten gehört.

Von Gott zum Nächsten

Das zehnte und letzte Gebot bildet einen passenden Abschluss für die Zehn Gebote. Während im neunten Gebot zum ersten Mal „der Nächste“ genannt wird, taucht er im zehnten Gebot gleich drei Mal auf. Das zeigt, dass der Kreis, der mit Gott beginnt und anschließend zur direkten Verwandtschaft und Ehebeziehung übergeht, nun maximal auf jeden Mitmenschen erweitert wird. Das wird sogar bis in die Worte hinein deutlich. Während in den auf Gott bezogenen Geboten (Gebote 1-4) vier Mal die Wendung „Jahwe, dein Gott“ vorkommt und so die Beziehung zu Gott in den Mittelpunkt gestellt wird, ist in den auf den Mitmenschen bezogenen Geboten (Gebote 5-10) vier Mal die Bezeichnung „dein Nächster“ enthalten. Es ist also kein Zufall, dass nicht nur eine lange jüdische Tradition, sondern auch Jesus selbst die Zehn Gebote in den beiden Geboten „Du sollst den *Herrn, deinen Gott* lieben“ (5Mo 6,5) und „*deinen Nächsten* wie dich selbst“

(3Mo 19,18) zusammenfasst. Diese Tradition bestand bereits vor der Zeit Jesu, wird aber im Neuen Testament bestätigt.[1] Woher also kam diese Art, das alttestamentliche Gesetz zusammenzufassen? Die Antwort ist einfach: Sie ist nicht nur im Aufbau, sondern sogar im Wortlaut der Zehn Gebote enthalten. Die Zehn Gebote enthalten bereits als Grundlage allen Gehorsams den Anspruch, Gott zu lieben (2Mo 20,6: „die mich lieben und meine Gebote halten" - man achte auf die Reihenfolge) und endet mit dem Verhalten dem Nächsten gegenüber (vier Mal „dein Nächster" in 2Mo 20,16-17). Dieser doppelte Bezug zieht sich in verblüffenden Details sogar bis in die kleinste sprachliche Ebene hinein durch: Das erste Wort des Dekalogs ist das Wort „Ich", mit dem sich Gott vorstellt, die letzten Buchstaben sind das Wort „Du" bzw. „dein", womit der Nächste gemeint ist. Das zweite Wort der Zehn Gebote ist „Jahwe", das zweitletzte das Wort „Nächster". Und wie der Dekalog mit einer doppelten „Du-sollst-nicht"-Formulierung innerhalb eines einzigen Gebotes begann (V. 4-5), so endet er auch im zehnten Gebot mit einem doppelten „Du sollst nicht" (V. 17). Bis in die Worte hinein ist also ein großer Bogen erkennbar, der bei Gott beginnt und beim Nächsten endet. Dieser Bogen ist ganz bewusst so gespannt. Ohne eine Beziehung zu Gott und dem Gehorsam ihm gegenüber kann man auch den Nächsten nicht in Gottes Sinn lieben. Umgekehrt muss auf die Liebe zu Gott auch die Liebe zum Nächsten folgen, um echt zu sein. Der Dekalog schlägt also den Bogen über alle Beziehungen, die ein Mensch haben kann, und ist sozusagen ein Mikrokosmos menschlichen Verhaltens, der alle Bereiche umfasst.

Handeln – Reden – Denken

Das letzte Gebot schließt auch in einer anderen Hinsicht den Kreis. Es zielt nämlich ganz explizit auf das menschliche Denken ab und führt so den Bogen zu Ende, der mit dem Tun beginnt, anschließend zu den Worten übergeht und mit den Gedanken endet. Dieser Bogen war bereits in den ersten vier Geboten erkennbar: Auch Gott gegenüber beginnt alles mit dem Tun (Gebote 1-2), geht weiter zum

Reden (Gebot 3) und endet schließlich mit einer inneren Haltung (das „Denken“ und „Ruhen“ im Sabbatgebot ist ein innerlicher Vorgang). Dasselbe zeigt sich nun beim Verhalten dem Mitmenschen gegenüber, der ebenso das Tun (Gebote 5-8), Reden (Gebot 9) und Denken (Gebot 10) umfasst. Alle drei Aspekte und ihre Reihenfolge sind wichtig. Die Zehn Gebote zeigen, dass Taten nicht von Worten getrennt werden können – beides ist notwendig und muss in Übereinstimmung zueinander stehen. Aber vielleicht ist der häufigste Fehler des Menschen nicht, Taten und Worte zu trennen, sondern die Gedanken aus dem Spiel zu lassen. Alle Taten beginnen in den Gedanken. Während Menschen durch ihre Taten und Worte ein gutes Bild nach außen abgeben können, sind Gott auch die Gedanken nicht verborgen. Er sieht alles, was Menschen denken. Es ist daher nur logisch, dass Gott vom Menschen fordert, auch die eigenen Gedanken aufzuräumen. Deshalb enden die Zehn Gebote in beiden Teilen – den Geboten Gott und dem Nächsten gegenüber – mit dem *Denken.* Das führt allerdings zu einer entscheidenden Frage:

Kann man Gedanken befehlen?

Im ersten Moment ist ein Gebot, das die Gedanken betrifft, schon merkwürdig. Was soll es denn heißen, nicht zu „begehren“? Wo fängt „begehren“ an und wo hört es auf? Wer will denn kontrollieren, ob ich begehre oder nicht? Und wie kann man Gedanken bestrafen? Und außerdem: Welches Gericht kann denn über Gedanken entscheiden? Das geht nur, wenn Gedanken auch zu Taten werden.

Als Antworten auf diese Fragen liegt es nahe, bei „begehren“ immer auch an eine Tat zu denken. Manchmal wird daher das zehnte Gebot mit „Du sollst nicht versuchen, etwas an dich zu bringen, das deinem Mitmenschen gehört“ übersetzt.[2] Das falsche Verhalten würde also dort beginnen, wo man konkrete Schritte unternimmt, um sich die Frau, die Tiere oder den materiellen Besitz eines anderen zu nehmen. Das wäre ein verständlicher Sinn, der nur einen kleinen Schönheitsfehler hat: So ist das Gebot nicht gemeint. Alttestamentliche Ausleger haben sich die Köpfe zerbrochen, um irgendeinen Weg zu finden, im Wort „begehren“ eine konkrete Tat zu finden, aber es will nicht so recht gelingen. Die wahrscheinlichste Lösung ist einfach: „Begehren“ meint vor allem das innere Wünschen, Verlangen, Gelüsten.[3] Doch damit bleiben die oben genannten Probleme natürlich bestehen: Wie kann man innerliches Verlangen in einem Gesetz verbieten? Was zunächst merkwürdig klingt, macht gerade den Unterschied der von Gott gegebenen Lebensprinzipien und anderen Gesetzen damaliger und heutiger Zeit aus. Was zunächst problematisch aussieht, entpuppt sich als reicher Schatz im zehnten Gebot. Wir wollen diesen Schatz nach und nach heben.

Gottes Weisung umschließt immer auch innere Dinge

Das zehnte Gebot zeigt, was eigentlich im gesamten Dekalog offensichtlich ist: Die Zehn Gebote sind überhaupt kein typischer Gesetzestext, weder nach altorientalischen noch nach heutigen Maßstäben. Eben deshalb werden sie ja auch im AT immer als „zehn Worte“, im Sinne von Prinzipien und Grundsätzen, und nicht als „Gebote“ bezeichnet. Auch der Oberbegriff des alttestamentlichen Gesetzes, nämlich der hebräische Ausdruck „Thora“, bedeutet ja eigentlich „Weisung“ und darf nicht strikt auf „Gesetz“ reduziert werden. All das kommt im zehnten Gebot sehr deutlich zum Ausdruck. Das Verbot, zu begehren, kann man ganz einfach nicht von außen kontrollieren oder einen Verstoß dagegen in einem Gerichtsprozess verurteilen. Das ist kein Fehler, sondern eine ganz wichtige Eigenschaft des alttestamentlichen Gesetzes. Im Bundesbuch (2Mo 20,22–23,33), das sozusagen eine weitere Erklärung der Zehn Gebote ist, kommt das ganz deutlich zum Ausdruck, insofern eine ganze Reihe von Gesetzen ganz maßgeblich auf die innere Einstellung abzielt und nicht so sehr das äußere Tun regelt (2Mo 23,20–23,9). Es ist fundamental, diese Tatsache ins Auge zu fassen, weil man ohne sie den ganzen Dekalog missversteht. Die zehn Prinzipien Gottes betreffen eine Beziehung zu Gott, in der es nicht um ein Verhalten geht, das vordergründig leicht sichtbar und einfach zu bewerten ist, sondern eine Beziehung, die von einer inneren Haltung geprägt ist – und sich von hier aus auch nach außen zeigt. Genau darauf weist das letzte Gebot auch so deutlich hin. Ob und inwieweit ein Israelit es befolgt, wissen nur er selbst und Gott. Das ist auch der Grund, weshalb nicht genau definiert wird, was denn nun „begehren" genau meint: Es ist eine keineswegs unwesentliche Entscheidung, die im persönlichen Gewissen getroffen wird. Dennoch kann man etwas genauer werden.

Richtige und falsche Wünsche

Das Wort „begehren" meint im AT nicht automatisch eine negative Begierde, sondern kann sogar im positiven Sinne etwas Schönes, Attraktives oder Geliebtes bezeichnen. Es wird im AT zum ersten Mal als Bezeichnung vielfältiger Baumarten bei der Schöpfung gebraucht, die alle „begehrenswert anzusehen und gut zur Nahrung" waren (1Mo 2,9). Was Gott schafft, ist also in einem positiven Sinne schön, attraktiv und weckt beim Menschen Vorfreude auf Genuss. Diese Art der Begierde ist also nichts Schlechtes, sondern ein positives Empfinden für die Schönheit der Schöpfung (vgl. auch Hl 2,3), das von Gott in den Menschen hineingelegt wurde. An anderer Stelle wird die im zehnten Gebot verwendete Wortwurzel gebraucht, um Daniel als „Vielgeliebten" zu bezeichnen (Dan 9,23; 10,11.19). Das führt aber zu einer wichtigen Frage: Was ist dann genau die falsche Begierde? Dazu gibt es zwei Hinweise aus der Thora selbst. Bei dem einen ist interessant, dass das zehnte Gebot eine Beziehung zu den ersten Kapiteln der Bibel herstellt, denn es wird hier erst zum dritten Mal gebraucht. Die anderen beiden Verwendungen findet man bei der Schöpfung (1Mo 2,9) und ... beim Sündenfall (1Mo 3,6)!

Abhängigkeit, Vertrauen, Fürsorge

Die zweite Erwähnung von Begierde in der Bibel lautet: „Und die Frau sah, dass der Baum ... begehrenswert war, Einsicht zu geben" (1Mo 3,6). Damit ist deutlich die Grenze zwischen gutem und schlechtem Begehren markiert: Schlechtes Begehren beginnt dort, wo der Mensch etwas will, das ihm nicht von Gott gegeben oder sogar von Gott verboten ist. Mit dem zehnten Gebot zeigt Gott, dass unter seinen Erlösten das, was bei Adam schieflief, nicht zu finden sein soll, nämlich eine Haltung, die immer mehr will als das, was Gott gegeben hat. Deshalb ist die Fortsetzung im zehnten Gebot so wichtig, weil sie zeigt, was falsche Begierde ist: „Du sollst nicht begehren das Haus deines Nächsten." Es geht darum, sich in Gedanken vorzustellen, wie schön es doch wäre, selbst das Haus des Nächsten zu bewohnen. Das Kernproblem dabei ist dasselbe wie beim Sündenfall: Ich begehre etwas, weil ich mit dem, was Gott mir gegeben hat, nicht zufrieden bin. Begehren ist im Kern nichts anderes als Misstrauen Gott gegenüber: Ich vertraue Gott nicht, dass er mir das gibt, was ich brauche, sondern denke stattdessen, dass er mir etwas Gutes bewusst vorenthält. Hinter dem zehnten Gebot stehen also entscheidende Werte, nämlich Zufriedenheit, Vertrauen in Gottes Güte, Vertrauen in Gottes Fürsorge und Abhängigkeit von ihm.

Gott wird konkret

Es ist sicherlich kein Zufall, dass das zehnte Gebot das längste der auf zwischenmenschliches Verhalten konzentrierten Gebote ist. Vielleicht ist das notwendig, weil die Sünde in Gedanken bei Menschen am häufigsten vorkommt und gegenüber Mord oder Diebstahl so harmlos wirkt. Weil sie für Menschen häufig unscheinbar und abstrakt bleibt, wird sie im zehnten Gebot durch eine zweite „Du sollst nicht"-Formulierung betont und auch durch konkrete Beispiele verdeutlicht. In der ersten Formulierung – „Du sollst nicht das Haus deines Nächsten begehren" – ist nicht das „Haus" als Gebäude gemeint, sondern als Oberbegriff des Hoheits- oder Verantwortungsbereiches eines Menschen. Es geht um seine Gebäude, Ländereien und um seine Familie. Das ist wichtig, weil man sonst dem Missverständnis erliegen könnte, dass „Knechte", „Mägde" und auch „die Frau deines Nächsten" als Besitz behandelt werden. Das ist nicht der Fall. Weder Knechte noch Mägde noch Ehefrauen sind in Israel Besitz, über den man verfügen kann. Sie gehören aber zum Verantwortungsbereich eines Mannes und sind Teil seiner Familie bzw. Hofgemeinschaft.[4] Was genau gemeint ist, wird in der Formulierung „Du sollst nicht begehren die Frau deines Nächsten, noch seinen Knecht, noch seine Magd, weder sein Rind noch seinen Esel, noch irgendetwas, was deinem Nächsten gehört" konkretisiert. Es ist typisch für alttestamentliche Gesetzestexte, dass diese Auflistung nur beispielhaft ist und nicht auf Vollständigkeit zielt. Die Beispiele begrenzen nicht die Reichweite, sondern intensivieren sie durch eine Konkretisierung. Es ist außerdem typisch, dass die genannten Beispiele jeweils für einen bestimmten Bereich stehen und geordnet sind. So steht die Frau an erster Stelle, weil sie das vielleicht häufigste „Objekt der Begierde" ist. Anschließend werden Knechte und Mägde als solche genannt, für die ein Hausherr eine Verantwortung und Fürsorgepflicht hat. Für das „Rind" wird hier bewusst ein allgemeiner Begriff verwendet, der in Bezug auf Alter und Geschlecht kein bestimmtes Tier meint. Der Esel ist weniger wert als das Rind, aber mehr wert als sonstiger Besitz. Erst am Schluss kommt der materielle Besitz eines Menschen. Wie auch sonst in alttestamentlichen Gesetzen ist aber jeder der genannten Begriffe musterhaft gemeint. Ansonsten müsste man auf die Idee kommen, dass der Mann zwar nicht die Frau des Nächsten, die Frau aber den Mann der Nächsten begehren darf. Das ist offensichtlich nicht der Fall. Jegliche Begierde nach einem Menschen, nach einem Tier oder nach materiellem Besitz wird verboten, wenn das Begehrte in den Verantwortungsbereich eines anderen Menschen fällt.

Eine Zusammenfassung der Gebote

Es ist passend, dass das zehnte und letzte Gebot gewissermaßen eine Zusammenfassung aller anderen Gebote ist, weil auch Mord, Ehebruch, Diebstahl und falsche Zeugenaussagen in der einen oder anderen Form einer inneren Begierde entspringen. Es zeigt, dass Gott das Leben der Erlösten in jedem Lebensbereich bestimmen und gestalten möchte. Es ist daher kein Zufall, dass Paulus gerade dieses Gebot in Römer 7,7 zitiert, um zu zeigen, wie weitreichend das Gesetz Gottes unser Verhalten beleuchtet und ins Licht stellt. Natürlich muss man als Mensch spätestens beim zehnten Gebot erkennen, wie unfähig die Menschen sind, Gottes Vorstellungen zu entsprechen. Dies ist eine wichtige Funktion des alttestamentlichen Gesetzes. Es wäre aber ein Fehler, den Sinn der Zehn Gebote oder des alttestamentlichen Gesetzes insgesamt auf die Absicht Gottes zu reduzieren, der Bosheit des Menschen einen Spiegel vorzuhalten. Im Gegenteil: Jeder Mensch muss in der Beziehung zu Gott um die eigene Unvollkommenheit wissen – alles andere würde zu Hochmut und Selbstüberschätzung führen. Das zehnte Gebot zeigt gerade, dass wir in allem abhängig von Gott bleiben müssen und keinen Anspruch auf eigene Verdienste, Erkenntnisse oder Leistungen erheben sollten – denn das war der Fehler des Menschen, als er beim Sündenfall mehr begehrte, als Gott ihm gegeben hatte. Die Gebote sollen aus der Beziehung zu Gott gehalten werden, auch wenn das in Unvollkommenheit geschieht. Aber genau diese Abhängigkeit von Gott, die alles von ihm erwartet, um die eigene Unvollkommenheit und Bedürftigkeit weiß, sich nichts selbst nimmt und nichts selbst beansprucht, sondern in allem auf Gott ausgerichtet bleibt, ist das Ziel der Zehn Gebote.

Anmerkungen

1 Es ist interessant, dass in Lk 10,27-28 ein Gesetzesgelehrter selbst das Gesetz in diesen beiden Geboten zusammenfasst, während Jesus ihm erst anschließend Recht gibt. Bei einer anderen Begebenheit fasst Jesus das Gesetz in diesen beiden Geboten zusammen (Mt 22,36-40; Mk 12,28-31), während ihm der Gesetzesgelehrte Recht gibt (Mk 12,31). Das zeigt, dass die Gesetzesgelehrten bereits vor dem Auftreten Jesu von dieser Art, das ganze Gesetz in zwei Gebote zusammenzufassen, überzeugt waren. Es verwundert daher nicht, dass auch Paulus (Röm 13,9; Gal 5,14) und Jakobus (Jak 2,8), die beide tief im alttestamentlichen Gesetz zu Hause waren, diese Zusammenfassung nennen. Die Zusammenfassung in dieses Doppelgebot ist auch schon außerhalb des Neuen Testaments und vor der Zeit Jesu belegt, siehe dazu C. E. Arnold, Hg., *Zondervan Illustrated Bible Backgrounds Commentary: Matthew, Mark, Luke* (Grand Rapids: Zondervan, 2002), S. 414.

2 So etwa die *Gute Nachricht Bibel* (Stuttgart: Deutsche Bibelgesellschaft, 2000).

3 Für diese Schlussfolgerung spricht die einfache Tatsache, dass das in 2Mo 20,17 verwendete hebräische Wort für „begehren" immer dann, wenn eine konkrete Tat gemeint ist, von einem anderen Wort begleitet wird, das die konkrete Tat genau bezeichnet (z. B. 5Mo 7,25; Jos 7,21). Die Diskussion ist komplex, siehe für eine kurze Darstellung mit der hier vertretenen Schlussfolgerung etwa J. I. Durham, *Exodus* (Word Biblical Commentary; Dallas: Word, 1987), S. 297–298; N. M. Sarna, *Exodus* (The JPS Torah Commentary; Philadelphia: Jewish Publication Society, 1991), S. 114–115; M. Weinfeld, *Deuteronomy 1–11: A New Translation with Introduction and Commentary* (Anchor Yale Bible; New Haven: Yale University Press, 2008), S. 316; B. Jacob, *Das Buch Exodus* (Stuttgart: Calwer, 1997), S. 583–584.

4 Damit ist auch schon der scheinbare Widerspruch zur Formulierung des zehnten Gebotes in 5Mo 5,21 erklärt. Während „Haus" in 2Mo 20,17 als Oberbegriff für die Familie, Ländereien und Gebäude verwendet wird, meint „Haus" in 5Mo 5,21 tatsächlich das Haus als Gebäude. In beiden Fällen findet aber eine klare Wertung statt, bei der die „Frau" an erster Stelle des Verantwortungsbereiches eines Menschen steht und absichtlich von weiteren Menschen und insbesondere von Besitz abgegrenzt wird.

DIE ZEHN GEBOTE – ECHT JETZT!

Überblickt man die Zehn Gebote, so wird nach und nach eine sehr durchdachte Ethik sichtbar, die alle Lebensbereiche umfasst. Außerdem wird deutlich, dass die Zehn Gebote nicht mechanisch und im blinden Buchstabengehorsam gehalten werden sollen, sondern die Idealform einer Beziehung der aus Ägypten erlösten Israeliten zu ihrem Bundesgott vorgeben, aus der man einiges für das Leben eines erlösten Christen und seine Beziehung zu Gott lernen kann.

Die Grundlage: Gottes Erlösung

In dieser Beziehung gibt es eine Grundlage, nämlich das, was Gott bereits getan hat. Erst wenn man darauf aufbaut, kann eine Beziehung zu Gott überhaupt gelebt werden. Kein Mensch kann sich die Beziehung zu Gott verdienen oder von seiner natürlichen Veranlagung aus in ihr leben. Den ersten Schritt hat Gott durch das Angebot der Erlösung bereits getan. Erst auf dieser Grundlage kann jemand, der von ihm erkauft und erlöst wurde, in einer Beziehung mit ihm leben. Unter Gottes Ordnungen, Geboten und Prinzipien zu leben, ist daher keine Last, sondern ein Vorrecht: Gott zeigt den Erlösten, wie sie in einer sehr engen Beziehung mit ihm leben können. Weil nur der Erfinder des Lebens weiß, wie der Mensch am besten leben kann, ist es ein Vorrecht, von ihm zu erfahren, durch welche Prinzipien das möglich ist.

Von Gott zu mir

Doch es geht noch weiter: Gott schafft nicht nur die Grundlage, sondern er lebt selbst als das beste Vorbild auch vor, was er anschließend vom Menschen erwartet. Es ist daher kein Zufall, dass die Zehn Gebote in zwei Teile gegliedert sind, von denen der erste Teil das Verhalten Gott gegenüber beschreibt. Aber dieser erste Teil ist deutlich länger als der zweite Teil, weil er etliche erklärende Zusätze enthält. Und diese Zusätze sind wichtig, weil sie das, was der Mensch tun soll, immer wieder auf das zurückführen, was Gott ist und tut. Nimmt man noch den weiteren Kontext der Exodus-Geschichte in 2. Mose hinzu, dann wird ein erstaunliches Gesamtbild sichtbar, das in genialer Weise zum Befolgen von Gottes Prinzipien motiviert und das Vorbild Gottes, meine Reaktion ihm gegenüber und mein Verhalten dem Nächsten gegenüber umschließt. Insofern kann man tatsächlich betend und nachdenkend durch die Zehn Gebote gehen (Ps 1,2) und dabei neu fasziniert sein davon, wie sie mit Gott als Grundlage und als Vorbild aufeinander aufbauen und ein Leben in der engen Beziehung zu Gott vorstellen:

▸ *Gott allein im Zentrum (erstes Gebot)*

Gott ist Jahwe, der ultimative Gott, der in sich ist und sich gleichzeitig den Menschen zuwendet. Weil er eine innige Beziehung zu den Erlösten möchte, will ich keine Konkurrenz zu ihm in meinem Leben dulden.

▸ *Nur Gott lieben (zweites Gebot)*

Gott liebt seine Erlösten mit leidenschaftlicher Liebe und ist ihnen treu. Als Reaktion bin auch ich Gott treu, indem ich ihn liebe und seine Gebote halte.

▸ *Gott ehren (drittes Gebot)*

Gottes Wesen und sein Name sind das Schönste und Größte, das es gibt. Da er durch die Erlösung seinen Namen besonders offenbart und groß gemacht hat, will ich diesen Namen und Gottes Wesen nicht verunehren, sondern ihn ebenfalls erhöhen und ehren.

▸ ***Die Erlösung feiern (viertes Gebot)***

Gott hat sein Volk aus der Knechtschaft erlöst und befreit (Prolog des Dekalogs). Er führt sein Volk aus der Sklavenarbeit in die Ruhe und Befreiung. Daher erinnere ich mich immer wieder neu an die Erlösung und lege in dem Bereich, über den ich Verantwortung habe, auch anderen keine schweren Lasten auf, sondern gebe ihnen Zeiten der Ruhe.

▸ ***Den Vater ehren (fünftes Gebot)***

Gott ist ein Vater, der es gut mit seinem Sohn meint (2Mo 4,22). Er ist als Vater die absolute Autorität. Deshalb ehre ich meinen geistlichen Vater und achte seine Autorität (erstes Gebot). Und deshalb ehre ich auch meinen leiblichen Vater und achte seine Autorität.

▸ ***Das Leben schätzen (sechstes Gebot)***

Gott erlöst sein Volk und rettet damit das Leben seines Volkes vor dem sicheren Tod (Prolog der Zehn Gebote). Außerdem schützt er dieses Leben und verteidigt es gegen alle Zugriffe (vgl. 2Mo 14). Als Reaktion darauf bin ich dankbar für das mir geschenkte physische und geistliche Leben, das Gott sowohl mir als auch meinem Nächsten schenkt. Deshalb vergehe ich mich auch nicht am physischen Leben meines Nächsten.

▸ ***Bedingungslose Treue zeigen (siebtes Gebot)***

Gott schafft und erhält seine Bundesbeziehung zu den Erlösten. Er begeht keinen geistlichen Ehebruch gegen sie, sondern zeigt die größtmögliche Treue (zweites Gebot). Daher begehe ich auch keinen geistlichen Ehebruch, sondern zeige Gott gegenüber ebenfalls die größtmögliche Treue (zweites Gebot). Das spiegelt sich auch in meinen menschlichen Beziehungen wider. Ich begehe daher auch keinen physischen Ehebruch, sondern zeige in der Ehe wie auch in allen anderen Beziehungen die größtmögliche Treue.

▸ *Eigentumsrechte schützen (achtes Gebot)*

Gott erkauft sich ein Eigentumsvolk (2Mo 19,5) und schützt seine Besitzverhältnisse mit größtmöglichem Eifer (zweites Gebot). Er lässt nicht zu, dass das von ihm erkaufte Volk einem anderen gehört. Als Reaktion darauf achte ich Gottes Besitzanspruch an mich und wende mich keinen anderen Göttern zu (zweites Gebot). Daher achte ich auch die Besitzrechte Gottes über meinen Nächsten und stehle ihm kein Eigentum.

▸ *Die Wahrheit reden (neuntes Gebot)*

Gott steht zu seinem Wort und erlöst sein Volk, weil er dies bereits Abraham versprochen hat (2Mo 6,4-8). Gott redet also die Wahrheit und steht verlässlich zu seinem Wort. Deshalb rede auch ich keine Lüge, wenn ich Gottes Namen in den Mund nehme oder von, über und vor ihm rede (drittes Gebot). Und deshalb rede ich auch die Wahrheit über meinen Nächsten und schade ihm nicht durch meine Worte.

▸ *Nur das Richtige begehren (zehntes Gebot)*

Gott liebt sein Volk mit leidenschaftlicher und inniger Liebe (drittes Gebot). Daher erwidere ich die leidenschaftliche Liebe Gottes und begehre nichts anderes außer Gott (drittes Gebot). Daher brauche ich auch nichts anderes von meinem Nächsten begehren über das hinaus, was Gott mir gibt.

Gebot	Vorbild: Gott
1	Gott ist der einzigartige und ultimative Gott, der „Ich bin, der ich bin".
2	Gott liebt seine Erlösten mit leidenschaftlicher Liebe und ist ihnen treu.
3	Gottes Name ist groß und durch die Erlösung geehrt worden.
4	Gott erlöst aus der Knechtschaft und führt in die Ruhe ein.
5	Gott ist unser Vater und unsere Autorität, die es gut mit mir meint.
6	Gott erlöst mein Leben und schützt es.
7	Gott hält die Bundesbeziehung und begeht nicht geistlichen Ehebruch, sondern zeigt größtmögliche Treue.
8	Gott schützt seine Besitzverhältnisse.
9	Gott redet wahr und zuverlässig.
10	Gott liebt mich leidenschaftlich und innig.

Meine Reaktion Gott gegenüber	Mein Verhalten dem Nächsten gegenüber
Ich akzeptiere in meinem Leben keine Konkurrenz zu Gott.	-
Ich bin Gott treu, indem ich ihn liebe und seine Gebote halte.	-
Ich ehre Gottes Namen und verunehre ihn nicht.	-
Ich erinnere mich immer wieder neu an seine Erlösung und will sie nicht vergessen.	Ich lege auch anderen Menschen keine zu schweren Lasten auf und gönne ihnen Zeiten der Ruhe.
Ich ehre meinen geistlichen Vater und achte seine Autorität.	Ich ehre meinen leiblichen Vater und achte seine Autorität.
Ich bin dankbar für mein geistliches Leben und das meines Nächsten.	Ich vergehe mich nicht am physischen Leben meines Nächsten.
Ich begehe nicht geistlichen Ehebruch, sondern zeige größtmögliche Treue.	Ich begehe nicht physischen Ehebruch, sondern zeige größtmögliche Treue.
Ich muss Gottes Besitzansprüche achten.	Ich muss die Besitzrechte des Nächsten achten.
Ich rede wahr und zuverlässig über Gott und seinen Namen.	Ich rede die Wahrheit über meinen Nächsten.
Ich erwidere die leidenschaftliche Liebe Gottes und begehre nichts anderes außer Gott.	Ich begehre nichts über das hinaus, was Gott mir gibt.

Die Zehn Gebote – echt jetzt!

Wir haben unsere Reise durch die Zehn Gebote mit der Frage gestartet, ob es sich wirklich lohnt, einen neuen Blick auf die Zehn Gebote zu werfen. Ja, es lohnt sich! Diese alten Worte sind tatsächlich aus einer anderen Welt, weil sie in ihrer Struktur, ihrer Ethik, ihrer Direktheit und Absolutheit und ihrer Praxisnähe einfach ewige Worte Gottes sind. Sie passen in kein Schema eines altorientalischen oder heutigen Gesetzes. Und sie enthalten auf so engem Raum so viele Reichtümer und Schätze, dass man lange – viel länger, als das in diesem Buch möglich war – über sie nachdenken kann. Auch wenn sie Worte innerhalb eines Bundes von Gott mit Israel sind, haben sie auch heutigen Nachfolgern Jesu eine Menge zu sagen. Es lohnt sich, sie auswendig zu lernen und dabei über jeden Satz nachzudenken. Man kann mit ihnen immer wieder neu über Gott, die Beziehung zu ihm und über seinen Willen für das eigene Leben nachdenken und staunen – echt jetzt!

Howard G. Hendricks / William D. Hendricks
Bibellesen mit Gewinn
Handbuch für das persönliche Bibelstudium

Zweifellos gibt es den Bibelleser, der Kraft und Weisung aus der Bibel schöpft, aber es gibt vermutlich mehr als genug Christen, die mit der Bibel große Mühe haben. Für solche ist die Bibel ein endloses Buch mit viel Kleingedrucktem oder sogar voller Rätsel und eine eher lästige Pflichtlektüre, mit der man nicht viel Freude hat.

Die gute Nachricht ist, dass man dieses Problem leicht lösen kann. „Bibellesen mit Gewinn“ kann die Barrieren beseitigen, die viele davon abhalten, durch das Lesen und Verstehen der Bibel ihr Leben zu verändern. In einer einfachen, schrittweisen Anleitung erklären die Autoren, wie man aus der Schrift Wahrheit und Bedeutung gewinnt. Ihre Darlegungen sind verständlich und leicht umsetzbar. Folgt man ihren einfach anzuwendenden Prinzipien, wird man bald feststellen, dass ein riesiges Potenzial an wertvollen Nährstoffen aus dem Wort Gottes geschöpft werden – und man sogar Freude daran haben kann!

Pb., 464 S., 13,5 x 20,5 cm
Best.-Nr. 271683
ISBN 978-3-86353-683-1

Norman L. Geisler / Thomas Howe
Antworten auf schwierige Fragen zur Bibel
Von 1. Mose bis Offenbarung

Dieses umfangreiche Nachschlagewerk bietet treffsichere Antworten zu zahlreichen Fragestellungen rund um die Bibel, die Schwierigkeiten bereiten. Zu jedem einzelnen der rund 770 betroffenen Bibeltexte wird eine klare Frage formuliert, das Problem entfaltet und eine Lösung angeboten.

Unter anderem folgende für den Nutzer relevante Aspekte werden geboten: Kommentierung wichtiger Bibeltexte; überzeugende apologetische Argumente; Behandlung theologischer Kernfragen; Klarstellung zu Texten, die von Sekten und Religionen missbraucht werden; Darlegung von Konflikten zwischen Bibel und Wissenschaft.

Das gesamte Werk stützt sich auf den Grundsatz der Zuverlässigkeit und göttlichen Inspiration der Bibel. Der Komplex der Fragen und Antworten wird durch verschiedene Aufsätze rund um die Zuverlässigkeit der Bibel aus dem Buch „Wenn Skeptiker fragen“ ergänzt.

Gb., 752 S., 15 x 22,6 cm
Best.-Nr. 271402
ISBN 978-3-86353-402-8

Tim Challies / Josh Byers

Visual Bible Guide

Alles Wichtige rund um die Bibel und Jesus

Viele Menschen betrachten die Bibel heute als veraltet, überholt und für das tägliche Leben irrelevant. Andere finden es schwierig, sie zu lesen, oder verstehen nicht, wie ihre verschiedenen Teile überhaupt zusammenpassen.

Auf nahezu jeder Seite dieses einzigartigen Buches findest du visuell ansprechend aufbereitete Fakten über die Bibel und die wichtigste Person, die darin im Fokus steht. Tauche ein in eine faszinierende Darstellung dessen, was die Bibel uns allen mitzuteilen hat!

Du erfährst, warum man entgegen mancher Einwände auch heute noch der Bibel vertrauen kann und was es mit Jesus auf sich hat.

Kt., 208 S., 19 x 23 cm
Best.-Nr. 271681
ISBN 978-3-86353-681-7